Michael Fisch
umm-al-kitâb

Michael Fisch, geboren 1964 in Gerolstein, ist Literatur- und Textwissenschaftler. Von Oktober 2008 bis Juni 2011 war er DAAD-Lektor in Tunesien. In dieser Zeit entstand seine Lebens- und Werkbeschreibung über Michel Foucault, die 2011 unter dem Titel *Werke und Freuden* erschien. Im Folgejahr hatte er einen Lehr- und Forschungsaufenthalt am Institut für Semitistik und Arabistik an der Freien Universität Berlin. Seit September 2012 hat er eine als DAAD-Lektorat geförderte Gastprofessur an der Helwan University Cairo inne. Michael Fisch arbeitet zur Zeit an einer umfangreichen Textgeschichte über Jacques Derrida, die unter dem Titel *Es gibt nichts außerhalb des Textes* 2014 erscheinen soll.

Michael Fisch

umm-al-kitâb

Ein kommentiertes Verzeichnis
deutschsprachiger Koran-Ausgaben von 1543 bis 2013

470 Jahre europäisch-abendländische Koran-Rezeption

Verlag Hans Schiler

Bibliographische Information der Deutschen Bibliothek
Die Deutsche Bibliothek verzeichnet diese Publikation
in der Deutschen Nationalbibliographie;
detaillierte bibliographische Daten sind im Internet
über *http://dnb.ddb.de* abrufbar.

Alle Rechte vorbehalten.
Kein Teil dieses Buches darf in irgendeiner Form (Druck, Fotokopie oder einem anderen Verfahren) ohne schriftliche Genehmigung des Verlages reproduziert oder unter Verwendung elektronischer Systeme verarbeitet werden.

All rights reserved.
No part of this publication may be reproduced, stored in a retrieval system, transmitted or utilized in any form or by any means, electronic, mechanical, photocopying, recording or otherwise, without permission in writing from the Publishers.

© 2013 Verlag Hans Schiler, Berlin/Tübingen
1. Auflage 2013
Redaktion: Tim Mücke / Bernhard Staffa
Lektorat: Helmut Lotz
Abbildungen: Jérôme Raffeneau
Druck: Akaprint, Budapest
Printed in Hungary

ISBN 978-3-89930-319-3

Er ist's, der euch im Mutterleibe formt, wie er will. [umm-al-kitâb]
Kein Gott ist außer ihm, dem Mächtigen, dem Weisen.
Er ist es, der auf dich das Buch herabgesandt hat.
Einige seiner Verse sind klar zu deuten – [muhkamât]
Sie sind der Kern des Buches,
andere sind mehrfach deutbar. [mutasâbihât]
Doch die, in deren Herzen Verirrung ist,
die folgen dem, was darin mehrfach deutbar ist, [tasâbaha]
um Zweifel zu erwecken und um es auszudeuten.
Doch nur Gott kennt dessen Deutung. [ta'wilahû]
Und die im Wissen fest gegründet sind, die sagen:
»Wir glauben daran. Alles kommt von unserem Herrn.«
Doch nur die Einsichtsvollen lassen sich ermahnen.

Sure 3 : 6 – 7 (Übersetzung von Hartmut Bobzin)

EINLEITUNG
Über den rechten Umgang mit dem Koran im Spiegel
seiner europäisch-abendländischen Rezeptionsgeschichte 9

VERZEICHNIS
I. Von der Zeit der Reformation bis zur Französischen Revolution
   Nach islamischer Zeitrechnung von 950 bis 1202 AH

Lateinische Vorgeschichte 1529–1543
00 Martin Luther (1483–1546) 19
01 Theodor Bibliander (1504–1564) 25
02 Johann Albrecht von Widmanstetter (1506–1557) 29
03 Guillaume Postel (1519–1581) 32

Europäische Sprachen 1547–1734
04 Andrea Arrivabene (1534–1570) 35
05 André du Ryer (1590–1672) 37
06 Jan Hendriksz Glazemaker (1619–1682) 39
07 George Sale (1697–1736) 41

Deutsche Übersetzungen und arabische Originale 1616–1688
08 Salomon Schweigger (1554–1622) 43
09 Abraham Hinckelmann (1652–1695) 46
10 Ludovico Marracci (1612–1700) 49
11 Johan Lange (1630–1696) 52

Deutsche Übersetzungen 1703–1789
12 David Nerreter (1649–1726) 56
13 Theodor Arnold (1683–1771) 59
14 David Friederich Megerlin (1699–1778) 61
15 Friedrich Eberhard Boysen (1720–1800) 64
16 Johann Christian Wilhelm Augusti (1771–1841) 66

II Im Zeitalter der Romantik bis zur Epochenwende
    Nach islamischer Zeitrechnung von 1222 bis 1322 AH

Koran und Germanistik 1807–1888
17 Joseph von Hammer-Purgstall (1774–1856) 69
18 Samuel Friedrich Günther Wahl (1760–1834) 71
19 Gustav Flügel (1802–1870) 73
20 Lion Baruch Ullmann (1804–1843) 75
21 Friedrich Rückert (1788–1866) 78

Koran und Arabistik 1890–1904
22 Martin Klamroth (1855–1890) 82
23 Bernhard Spieß (1845–1906) 83
24 Theodor Friedrich Grigull (1850–1915) 84
25 Max Henning (1861–1927) 86
26 Erich Bischoff (1865–1936) 88

III. Vom Ersten Weltkrieg bis zum Zeitalter der Säkularisierung
     Nach islamischer Zeitrechnung von 1333 bis 1388 AH

Deutsche Übersetzungen und arabische Redaktion 1915–1939
27 Ernst Harder (1854–1927) 90
28 Lazarus Goldschmidt (1871–1950) 91
29 Hubert Grimme (1864–1942) 93
30 Al-Azhar-Koran / Muhammad Ali Chalaf al-Husaini (1875–1944) 95

Deutsche Übersetzungen 1939–1968
31 Maulana Sadr ud-Din (1905–1981) 97
32 Leo W. Winter (1907–2000) 99
33 Hazrat Mirza Bashir-ud-Din Mahmud Ahmad (1889–1965) 100
34 Henry Mercier (1903–1971) 102
35 Max Henning (1861–1927) / Annemarie Schimmel (1922–2003) 103
36 Rudi Paret (1901–1983) 105
37 Max Henning (1861–1927) / Kurt Rudolph (1929–2010) 107

IV. Von 1980 bis zum Ende des 20. Jahrhunderts
Nach islamischer Zeitrechnung von 1400 bis 1420 AH

38 Hüseyin Arak (geb. 1937) 110
39 Fatima Grimm (geb. 1934) 111
40 Muhammad Ahmad Rassoul (geb. 1929) 113
41 Adel Theodor Khoury (geb. 1930) /
   Muhammad Salim Abdullah (geb. 1931) 116
42 Max Henning (1861–1927) /
   Hanspeter Achmed Schmiede (geb. 1935) 119
43 Ahmad von Denffer (geb. 1949) 120
44 Max Henning (1861–1927) /
   Murad Wilfried Hofmann (geb. 1931) 122
45 Moustafa Maher (geb. 1936) 124
46 Ömer Öngüt (1927–2010) 126
47 Uthman Taha (geb. 1934) / Subhi Taha (geb. 1936) 127

V. In deutscher Sprache seit dem Beginn des 21. Jahrhunderts
Nach islamischer Zeitrechnung von 1420 bis 1435 AH

48 Amir Muhammad Adib Zaidan (geb. 1964) 129
49 Nadeem Elyas (geb. 1945) / Abdullah Frank Bubenheim (geb. 1952) . 131
50 Hans Zirker (geb. 1935) 133
51 Al-Fadschr 135
52 Qurân Tagwid 136
53 Lamya Kaddor (geb. 1978) / Rabeya Müller (geb. 1957) 137
54 Muhammad Asad (1900–1992) 139
55 Michael Celler (geb. 1950) 141
56 Ahmad Milad Karimi (geb. 1979) / Bernhard Uhde (geb. 1948) 143
57 Lathe Biosas 146
58 Hartmut Bobzin (geb. 1946) 147
59 Luise Becker (geb. 1939) 149
60 Angelika Neuwirth (geb. 1943) 150

Literatur 153

Personenregister 175

Einleitung

*Über den rechten Umgang mit dem Koran im Spiegel
seiner europäisch-abendländischen Rezeptionsgeschichte*

Als vor fünf Jahren der klassische Text »at-tibyan fî âdâbi hamalati l-qur'ân« (Über den rechten Umgang mit dem Koran) des syrischen Gelehrten Yahyā ibn Sharaf an-Nawawî (1233–1277) in der glanzvollen deutschsprachigen Übersetzung von Abdullâh as-Sâmit Frank Bubenheim erschien, waren spätestens jetzt die Anstandsregeln für jene, die mit dem Koran umgehen, auch in deutscher Sprache zugänglich. Das knapp zweihundertseitige Buch gibt in grundlegender Weise Auskunft zu den zahlreichen Fragen, die sich in Bezug auf das letzte Testament (Koran) eines barmherzigen Gottes (Allah) an die Menschheit (Publikum) stellen, nämlich auf den heiligen Koran: Wie soll der Unterricht der Koran-Rezitation gestaltet sein, welche Rechte und Pflichten haben Lehrer und Schüler, von welchen Absichten sollen sie geleitet werden, welchen Regeln soll die Rezitation folgen, welche Verse sind zu welchen Gelegenheiten zu rezitieren, unter welchen Bedingungen darf das heilige Buch berührt oder nicht berührt werden, ist es erlaubt, mit Koran-Exemplaren Handel zu treiben, und viele Fragen mehr.

Insbesondere mit dem Blick auf eine gelegentlich schon verwirrende Betrachtung von Einzelfällen in dem hier gemeinten Fachgebiet (Moraltheologie, Rechtsfindung und Sittenlehre) erweist sich der Autor einmal mehr als begnadeter Lehrer und kluger Gelehrter. Das achthundert Jahre alte Buch über den rechten Umgang mit dem Koran ist aktueller denn je, ebenso wie die von Imâm an-Nawawî kommentierte Sammlung der »Hadithe« von Muslim ibn al-Haggâg an-Naysâbûrî (817–875), also die Überlieferungen über den Propheten Muhammad und seine Anweisungen und nachahmenswerten Handlungen, seine Billigungen von Handlungen Dritter und seine Empfehlungen und Verbote sowie seine religiös-moralischen Warnungen, die im Koran nicht enthalten sind.

Trotz seiner Wertschätzung für Muslim ibn al-Haggâg an-Naysâbûrî gibt Yahyā ibn Sharaf an-Nawawî doch Muhammad ibn Ismaîl ibn Ibrahîm ibn al-Mughîra al-Buhârî (810–870) den Vorzug. Beide Sammlungen der »Hadithe«, die von Muslim und die von al-Buhârî, sind als deutschsprachige Übersetzungen in überarbeiteten und aktualisierten Ausgaben des Jahres 2010 zugänglich. Der große Orientalist Ignaz Goldziher (1850–1921) wies schon vor einhundertfünfundzwanzig Jahren darauf hin, dass »nichts der Voraussetzung im Wege steht, dass die Gefährten und Schüler die Aussprüche und Verfügungen des Propheten durch schriftliche Aufzeichnung vor der Vergessenheit bewahren wollten.« Ebenso steht es um den Koran.

Zur Zeit des Propheten, so berichtet Imâm an-Nawawî, war der heilige Koran in den Herzen der Menschen bewahrt, und da viele von ihnen in der Zeit des ersten der nach sunnitischer Ansicht vier rechtgeleiteten Kalifen Abu Bakr Abdallah ibn Abi Quhafa as-Siddiq (573–634) im Krieg getötet wurden, war zu befürchten, dass die Bewahrer des mündlichen Textes aussterben und man nach ihrem Tod in Meinungsstreit über den Textkorpus kommen könnte. Die Gefährten des Propheten, so sagen es die »Hadithe«, beschlossen, die Suren des Korans zu sammeln und schriftlich niederzulegen. Der Koran-Text wurde auf Palmblättern, flachen Steinen, vermutlich auch auf Tierknochen niedergeschrieben und aufbewahrt.

Mit der Regierungsübernahme durch den dritten Kalifen Uthman ibn Affan (579–656) und der zunehmenden Ausbreitung des Islam wurde allgemein befürchtet, dass Meinungsverschiedenheiten dazu führen könnten, Teile des Textes wegzulassen oder hinzuzufügen. Von der niedergelegten Sammlung ließ Uthman je nach Überlieferung vier oder sieben handschriftliche Kopien anfertigen und den abweichenden Rest (zumeist dialektale und sprachliche Varianten) vernichten. So entstand der erste kanonisierte Koran-Text.

Dieses Vorgehen ist in der Schrift vom rechten Umgang mit dem Koran nachzulesen, ebenso wie der Hinweis, dass die Schrift schön und deutlich lesbar sei (Kalligrafie) und die Buchstaben mit diakritischen Punkten und Vokalzeichen zu versehen seien, um den Text vor falscher Aussprache und Verschreibungen zu schützen. Außerdem sei der Koran zu schützen und zu achten, es sei verboten, ihn im Zustand ritueller Unreinheit zu berühren, und das Umblättern sei nur von Hand durchzuführen und nicht etwa mit dem Ärmel oder einem Tuch. Nicht zuletzt sei der Kauf und Verkauf von Koran-Exemplaren gültig.

Diese hier kurz gefassten Regeln für die Koran-Rezitatoren führen sowohl den Hörern als auch den Lesern vor Augen, dass jener der Beste sei, der den Koran lerne und lehre. Dem Buch (al-kitâb) sei immer mit Ehrlichkeit, Respekt und Uneitelkeit entgegenzutreten, denn wie ein »Hadith« besagt, bemessen sich die Handlungen nur nach den Intentionen. Von der mündlichen Verkündigung (Offenbarung) über die Vorform des Textes (Sammlung) bis zur Redaktion unter Uthman (Buch) verweist der Koran bis heute auf die Entstehung, Entwicklung und Fokussierung eines besonderen Dokuments dieser Religion (Islam) in ungewöhnlicher, ja einzigartiger Weise.

Die Sammlung von Texten auf Palmblättern und flachen Steinen ist zunächst kein schriftlich verfasstes Buch, sondern nimmt die Texteinheit der Suren (sûra) vorweg. Die vorausgegangene Offenbarung Gottes (Allah) über das Medium (Gabriel) an den Propheten (Muhammad) basiert auf Eingebung (wahy) und Herabsendung (tanzîl). Sie dokumentiert damit einen Kommunikationsprozess, der über zwanzig Jahre – vom ersten öffentlichen Auftritt des Propheten in Mekka 610 über den Auszug von Mekka nach Medina am 16. Juli 622 (hîgra) bis zu seinem Tod in Medina 632 – andauert, bevor dieser schriftlich fixiert wird. Der Prophet Muhammad verkündet Teile dieser Sammlung (mushaf) seinem Publikum, indem er sie vorträgt und rezitiert (qur'ân). Göttliche Vermittlung und dichterische Inspiration machen den Text so einzigartig. Die Form, in welche die Verkündigung gekleidet wurde, ist die Sure – eine bis dahin nicht gekannte Texteinheit, die bis heute allein im Koran anzutreffen ist.

Angelika Neuwirth hat in besonderer Weise die Sure als Novum dargestellt, die bis dahin als liturgische Rede und als Rezitationstext kaum wissenschaftlich gewürdigt wurde. »Sûra« meint eine kleinere Texteinheit unbestimmten Umfangs, der Begriff wurde erst im Kontext der Verkündigung geprägt und ist nur dem Koran vorbehalten. Nach Angelika Neuwirth haben Suren den pragmatischen Zweck einer begründbaren Abgrenzung des Materials. Außerdem lassen sich an ihnen Kriterien für ihre chronologische Zuweisung ablesen. Diese auf

Theodor Nöldeke (1836–1930) zurückgehende Fragestellung der Datierung von Suren ermöglicht es Angelika Neuwirth, sie in die fünf Gruppen früh-, mittel- und spätmekkanisch und früh- und spätmedinisch einzuteilen. Dieser Abgrenzung des Textmaterials folgend, gelingt ihr eine text- und literaturwissenschaftlich überzeugend begründete Methode, eine nicht nur für die Forschung zukunftsweisende fünfbändige Koran-Edition und eine neue komplette Übersetzung seines Textes zu liefern.

Übersetzungen des Koran-Textes gibt es selbstverständlich länger als seit den in diesem Verzeichnis addierten vierhundertsiebzig Jahren. Zwar wurde der Koran auf Arabisch offenbart, aber im Zuge der weiteren Ausbreitung des Islam auch den nicht arabisch sprechenden Menschen nahegebracht, beispielsweise den Persern und den Osmanen. Allerdings wird der Text spätestens zum Freitagsgebet im arabischen Original rezitiert und ausgelegt. In den Momenten der Rezitation des Koran in der Moschee wird deutlich, dass der Text ursprünglich ein mündlicher war und erst später zum Buch wurde. Ebenso wird die einzigartige Ästhetik des Textes deutlich, die selbst Nicht-Muslime in Bann zu ziehen vermag. Zwei Redaktionen, die den Text kanonisierten und standardisierten – eine unter Uthman ibn Affan (um 650) und eine in der Al-Azhar-Universität (um 1920) –, schufen einen zitier- und rezitierfähigen Text, der nunmehr eine weltweite Instanz darstellt. Zu der schriftlichen Fassung des Textes tritt eine weitere ästhetische Kundgebung, nämlich die der Kalligrafie. Bis heute ist der Koran in kalligrafischer Wiedergabe allerorten präsent.

Über die sprachliche Ästhetik und die besondere Schönheit des Koran ist oftmals berichtet worden, sie drücken sich aus in einer gehobenen Form der Sprache, die in den poetischen deutschsprachigen Übersetzungen durch Friedrich Rückert und Joseph von Hammer-Purgstall – beide leider nur unvollständig – ihr einigermaßen akzeptables Pendant findet. In Sure 16 : 125,1 heißt es: »Rufe auf zum Wege deines Herrn mit Weisheit und mit schöner Predigt.« In Sure 6 : 38 steht: »Gott hat nichts außer Acht gelassen.« Und in Sure 13 : 39 wird der Bezug zur Urschrift und zur Mutter der Schrift hergestellt: »Gott löscht aus und setzt fest, was er will. Bei ihm ist das Urbuch.« (Übersetzung von Hartmut Bobzin).

Da der Koran den gläubigen Muslimen als heiliges und in arabischer Sprache offenbartes Wort gilt, ist bei seiner Übersetzung (tafsîr) Vorsicht geboten. In der kunstvollen Rezitation wird das besonders deutlich. Nur der arabische Text ist authentisch und kann das Heilige des Koran vermitteln. Jede Übersetzung in eine andere Sprache stellt darum eine Interpretation dar und verkörpert nicht das Original. Schon wegen sprachlicher Eigenheiten kann keine Übersetzung dem Original gleichgestellt werden.

Da viele Koran-Interpreten und -Kommentare versucht haben, die Rätsel des Textes zu entschlüsseln und seine Aussagen deutlicher zu machen, mag eine Übersetzung als Verständnis-Ergänzung dienen, aber auch nicht mehr. Eigentlich ist jeder Koran-Leser aufgefordert, die arabische Sprache zu erlernen und den Text im Original zu lesen. Schwer genug für einen Nicht-Araber, der vor dem kaum lösbaren Problem steht, zwischen den drei Sprachvarietäten des sogenannten (gesprochenen) arabischen Dialekts (beispielsweise »tunsi« oder »misr«), des standardisierten (geschriebenen) Hoch-Arabisch und des alten, klassischen und religiösen (kaum mehr gesprochenen oder geschriebenen und höchstens noch in der Moschee gehörten) Koran-Arabisch unterscheiden zu müssen.

Nach muslimischem Verständnis kann der Koran nicht übersetzt werden, denn sein Text ist nicht (von Menschenhand) geschaffen, sondern existiert (neben dem Gott Allah) seit Ewigkeiten. Da er ästhetisch und sprachlich nicht zu übertreffen sei, könne keine Übersetzung an das Original heranreichen. Der liturgische Text des Koran sei immer mündlicher Vortrag und sperre sich allein aufgrund seiner Oralität gegen eine schriftliche Übertragung. Darum behaupten fromme Muslime, nur die ungefähre Bedeutung des Koran (al-qur'ân al-karim) könne in eine andere Sprache übertragen werden. Sollte ein Nicht-Muslim den Koran übersetzen wollen, so könne er sich nur auf die Ästhetik des Textes berufen, nicht aber auf dessen Religiosität – nicht zuletzt spricht der Koran in poetischer Weise zu seinem Publikum, den Gläubigen.

Da der Koran sowohl in der arabischen als auch in der nicht-arabischen Welt nicht (mehr) zum klassischen Bildungsgut zählt, trifft man oftmals auf großes Nicht-Wissen oder Missverständnisse über diesen

Text. Auch wenn inzwischen sechzig europäische respektive deutschsprachige Übersetzungen aus vierhundertsiebzig Jahren vorliegen, bedeutet das nicht, dass man ihn leicht lesen und einfach rezipieren könnte. Der Koran verlangt von seinem Leser und seinem Hörer Geduld und Konzentration, Muße und – vor allem – Respekt.

Wenngleich der Haupttitel des vorliegenden Buches ein Verzeichnis deutschsprachiger Koran-Ausgaben anbietet, so ergänzt der Untertitel dieses Vorhaben um die Perspektive einer europäisch-abendländischen Rezeptionsgeschichte. Dieser Hinweis deutet beispielsweise darauf hin, dass Salomon Schweiggers »Alcoranus Mahometicus« (1616) zwar die erste in die deutsche Sprache übersetzte Koran-Ausgabe ist, der Text sich aber wiederum auf die italienischsprachige Ausgabe »L'Alcorano di Macometto« (1547) von Andrea Arrivabene bezieht. Dessen Koran-Übertragung ist damit die erste in eine europäische Volkssprache überhaupt. Der italienische Übersetzer bezieht sich allerdings nicht auf den arabischen Originaltext, sondern nutzt den lateinischen Koran-Text von Theodor Bibliander, der vier Jahre vor der Textausgabe von Andrea Arrivabene erschien. Schließlich war es Guillaume Postel, der eine zwar unvollständige Übersetzung des Koran – aber immerhin eine Übertragung des Koran-Textes aus dem arabischen Original – in die lateinische Sprache anbot. Teile seiner Übersetzung »De orbis terrae concordia« (1543) gingen schließlich in die Koran-Ausgabe von Theodor Bibliander »Machumetis Saracenorum principis eiusque successorum vitae« (1543) ein. Und genau hier im Jahr 1543 setzt die offizielle Zeitrechnung für eine europäisch-abendländische Rezeption ein, die nunmehr vierhundertsiebzig Jahre andauert.

Allerdings waren jene Übersetzungen des Koran von Robert von Ketton (1143) und Marcus von Toledo (1209) die ersten vollständigen lateinischen Übertragungen, von daher könnte man die Rezeptionsgeschichte auch vordatieren. Doch weist Hartmut Bobzin eindrücklich darauf hin, warum gerade mit dem Jahr 1543 die eigentliche Zeitrechnung einer europäischen Koran-Rezeption beginnt, denn dieses »vergessene Datum europäischer Islamkunde stellt einen Markstein in der Geschichte der europäischen Wissenschaften dar. Für die europäische Islamkunde ist dies Datum von kaum zu unterschätzender Bedeutung, auch wenn dies von den Historiographen der orientalischen Studien in

Europa bislang kaum beachtet wurde.« Und es ist Hartmut Bobzin, der neben kleineren Schriften vor allem in seiner Habilitationsschrift zuerst auf diese kalendarische Sensation verweist.

Ohne die Lebensleistung von Hartmut Bobzin hätte das hier vorliegende Verzeichnis in diesem Umfang kaum erscheinen können. Seine Darstellungen und Untersuchungen zur Geschichte des Koran in Europa reichen über ein Vierteljahrhundert, beginnend mit seiner bedeutenden Habilitationsschrift über den »Koran im Zeitalter der Reformation« (1986) bis zu seinem vorerst letzten Text zu diesem Thema (2010). Ich selbst konnte Hartmut Bobzin während einer Konferenz in Tunis im Jahr 2010 kennenlernen, auf der er mir von seiner umfangreichen privaten Koran-Sammlung berichtete. Gegen Ende der Abfassung dieses Verzeichnisses entdeckte ich seinen Sammlungskatalog »Glaubensbuch und Weltliteratur« (2007), der leider zu wenig bekannt und selbst in öffentlichen Bibliotheken kaum zu finden ist. Hier werden bereits fünfzig Koran-Ausgaben verzeichnet und beschrieben, allerdings in variierter Ordnung und mit anderen Schwerpunkten als in diesem Verzeichnis.

Das Literaturverzeichnis am Ende des Buches weist insgesamt achtzehn Quellen von Hartmut Bobzin aus, die für die Erstellung dieses Verzeichnisses nicht unerheblich waren. Es wurden – aufgrund des Textcharakters und der Lesbarkeit – weder direkte Zitate gesetzt noch Fußnoten angegeben, im Literaturverzeichnis aber alle Quellen genannt. Insbesondere Hartmut Bobzins (gemeinsam mit seiner Frau entstandene) jüngste Übersetzung des Koran (2010), die sich auf die von ihm 1996 herausgegebene Koran-Übersetzung von Friedrich Rückert bezieht, verdient in diesem Verzeichnis ein eigenes Kapitel. Allerdings verwarf Bobzin bereits 1995 die Idee, den Rückert'schen Text zu ergänzen; auch hat er ihn nicht als Hilfsmittel hinzugezogen. Seine Übersetzung beginnt nach eigenen Worten am Nullpunkt. Der von ihm angekündigte Koran-Kommentar zu dieser Übertragung wird nicht nur von der Fachwelt ungeduldig erwartet.

Neben Hartmut Bobzin ist es vor allem Angelika Neuwirth, die in der Koran-Forschung internationalen Ruhm erlangt hat. Ich durfte an ihrem Lehrstuhl im Jahr 2011/12 ein Lehr- und Forschungsjahr verbringen und zum Thema dieses Buches arbeiten. Das vorliegende Kompendium ist darum auch das Ergebnis dieses Forschungsaufenthaltes, wenngleich es erst in Kairo im Oktober 2012 (al-Qâhira, Dhul-Higga 1433 AH) fertiggestellt wurde. Das Literaturverzeichnis weist dreizehn Textquellen von Angelika Neuwirth aus fünfunddreißig Jahren wissenschaftlichen Wirkens aus. Ihre schon jetzt nach meiner Einschätzung auf lange Sicht unerreichbare Koran-Edition, deren erster von fünf Bänden 2011 erschien, enthält (sozusagen als den sechsten Band) das von ihr verfasste text-theoretische Grundlagenwerk »Der Koran als Text der Spätantike. Ein europäischer Zugang« (2010), das ebenso auf ihre Lebensleistung verweist. Spätestens mit der Habilitationsschrift über »Studien zur Komposition der mekkanischen Suren« (1977) begann ihre Arbeit an dem Thema »Koran als Text«. Auch Angelika Neuwirth gebührt in diesem Verzeichnis ein eigener Eintrag.

Einen Sonderfall stellt Stefan Weidner dar. Der 1967 geborene deutsche Schriftsteller und Übersetzer studierte Islamwissenschaft, Germanistik und Philosophie an den Universitäten Göttingen und Damaskus, Berkeley und Bonn. Er lebt heute in Köln. Weidner hält laut einem »FAZ«-Artikel vom 19. Mai 2007 die Rückert'sche Koran-Übersetzung für veraltet und stellt die These auf, dass sich der Koran den Nichtmuslimen nur als Dichtung erschließe und darum als Dichtung übersetzt werden müsse. Ein solches Projekt habe heute mehr Erfolgschancen denn je, zumal das heutige Europa ein offeneres Verständnis von Dichtung hätte als jemals eine Epoche zuvor. Während der Koran nach der gemeinen muslimischen Auffassung eine eigene Literaturgattung darstelle und höher gestellt sei als Dichtung und Prosa, möchte er es der modernen Vorstellung von Dichtung unterordnen. Sein Projekt einer Koran-Übersetzung begreift den Text folglich als Poesie im Sinne des offenen poetischen Konzepts der Moderne. Weidner geht mit dem Urtext freier um und möchte den Übersetzungstext mit den sprachlichen Mitteln der Moderne poetisch aufladen. Dieses Ansinnen könnte zulasten der Texttreue gehen. Die Übertragung von Stefan Weidner sollte ursprünglich im Herbst 2008 unter dem Arbeitstitel »Der Koran – Der Gesang« in Kooperation mit Angelika Neuwirth im Verlag der Weltreligionen erscheinen. Dieser Termin wurde auf unbestimmte Zeit verschoben. Angesichts der eigenen Editions- und Übersetzungsleistung von Angelika Neuwirth ist mit dieser Buchausgabe vermutlich vorerst nicht zu rechnen. Weidners vorab veröffentlichte Übersetzungsproben finden sich in dem Sammelband: »Die Minze erblüht in der Minze. Arabische Dichtung in der Gegenwart mit erläuternden Essays« (2007). Als ausgebildeter Buchhändler und studierter Germanist kam ich erst spät zur Arabistik. Durch einen Lektoratsaufenthalt des Deutschen Akademischen Austauschdienstes in Tunesien (2008–2011), einem Lehr- und Forschungsjahr am Institut für Semitistik und Arabistik der Freien Universität Berlin und einem seit Kurzem begonnenen zweiten DAAD-Lektorat in Kairo vertiefe ich meine Kenntnisse. Die wiederholte Lektüre des Koran fasziniert mich bis heute, und inzwischen blicke ich auf eine eigene Sammlung von vierzig Koran-Fassungen. Zum Abschied aus Tunis erhielt ich von tunesischen Freunden eine handgefertigte Kalligrafie der eschatologischen Sure 101 »al-qâri'a« (Die Klopfende) aus der frühmekkanischen Schwurserie (fâ'ilât). Sie wurde mir zu einer meiner liebsten Suren. In der Übersetzung von Angelika Neuwirth lautet sie:

[bi-smi llâhi l-rahmâni l-rahîm]

1. Die Klopfende.
2. Was ist die Klopfende?
3. Weißt du, was ist die Klopfende?
4. Am Tag, da Menschen sein werden wie auffliegende Motten,
5. da Berge sein werden wie zerflockte Wolle:
6. Wessen Waagschalen dann schwer wiegen,
7. wird volles Leben haben,
8. Wessen Waagschalen aber leicht wiegen,
9. dessen Zufluchtsort ist der Abgrund.
10. Weißt du, was ist der Abgrund?
11. Loderndes Feuer!

Verzeichnis

I. Von der Zeit der Reformation bis zur Französischen Revolution

Nach islamischer Zeitrechnung von 950 bis 1202 AH

00 Martin Luther (1483–1546)

war bekanntermaßen theologischer Urheber und radikaler Kämpfer für die Reformation in Deutschland. Sein 530. Geburtstag wird im Erscheinungsjahr des hier vorliegenden Koran-Verzeichnisses feierlich begangen und 2017 in Hinblick auf 500 Jahre Reformation als sogenanntes Lutherjahr schon heute angezeigt. Der Augustinermönch und Theologieprofessor vollzog einen reformatorischen Umbruch in seinem Glauben und Handeln bereits im Alter von dreißig Jahren, indem er sich allein an Jesus Christus und weniger an Papst und katholischer Kirche orientieren wollte. Diese Perspektive ermöglichte es ihm, falsche Entwicklungen in der Geschichte des Christentums zu benennen oder gar zu überwinden. Damit galt er schon bald als Theologe der Verkündigung.

Luthers starke Betonung der Gerechtigkeit und der Gnade Gottes, seine Schriften und Predigten veränderten die von der römisch-katholischen Kirche dominierte Gesellschaft. Diese Zeit des ausgehenden europäischen Mittelalters wird heute mit 1520 datiert. Luther lehnte den Papst und die kirchliche Hierarchie als letzte Instanz in Glaubensfragen ab, denn allein der Heiligen Schrift kam nach seiner Meinung oberste Autorität zu.

Insbesondere seine Bibelübersetzung (Altes und Neues Testament, erschienen zwischen 1522 und 1534) ist ein Gründungsdokument der deutschen Sprache. Seine Sprachform war das Ostmitteldeutsche seiner Heimat, in welchem die nord- und süddeutschen Dialekte verschmolzen waren. Erst durch die Übersetzung der Bibel aus dem Lateinischen ins Deutsche entwickelte sich dieser Dialekt zu einem gemeinsamen Hochdeutsch. Sie gilt als große dichterische Leistung, da sie bis in den Silbenrhythmus hinein durchdacht ist, und stellt damit eine der bekanntesten und beliebtesten Bibelübersetzungen in der Geschichte dar, die bis heute in überaus vielfältigen, sorgfältig gedruckten und mehrfach edierten Fassungen weltweit vorliegt. Protestanten verwenden die Lutherbibel. Nach mehreren überarbeiteten Neuauflagen stammt deren bislang letzte Revision von 1984.

Die Bibel-Übersetzung und auch die früheren Luther-Texte wurden insbesondere von europäischen Fürstenhäusern dazu benutzt, die zentrale Macht des Vatikans (Papst Hadrian VI.) und des Heiligen Römischen Reiches (Kaiser Karl V.) zurückzudrängen. Unter ihrem wesentlichen Einfluss kam es entgegen der eigentlichen reformatorischen Absicht Luthers zur Spaltung der Kirche und damit zur Bildung der evangelisch-lutherischen Kirche und anderer Konfessionen innerhalb des Protestantismus. Diese Spaltung nahm 1517 ihren Anfang mit dem bekannten, die Reformation auslösenden Anschlag der fünfundneunzig Thesen in Wittenberg durch Martin Luther selbst, zu dessen Folgen 1525 der blutige Bauernkrieg unter der Führung von Thomas Müntzer zählte.

Ein bedeutender Aspekt der scheinbaren Einigung Europas war die Erste Wiener Türkenbelagerung von 1529. Sie galt als Höhepunkt der Türkenkriege zwischen dem Osmanischen Reich und den christlichen Staaten Europas. Osmanische Truppen unter dem Kommando von Sultan Suleiman II. dem Prächtigen schlossen Wien ein, das in dieser Zeit die Hauptstadt der Habsburger und zudem eine der größten Städte Mitteleuropas war. Unterstützt von Truppen des Heiligen Römischen Reiches Deutscher Nation konnte die Stadt von den Verteidigern behauptet werden. In ebendiesem Jahr 1529 wetterte Martin Luther in Predigten gegen die Türken. (Auch die zweite Wiener Türkenbelagerung von 1683 schlug fehl.)

1529 erschien Martin Luthers Schrift »Vom Kriege widder die Türcken« und im selben Jahr nach Beendigung der Wiener Belagerung seine »Heerpredigt widder den Türcken«. Im folgenden Jahr verfasste Luther ein Vorwort zu einem sogenannten »Türkenbüchlein« und 1541 eine »Vermahnung zum Gebet wider den Türken«. Diese scheinbar ablehnende Haltung den Osmanen gegenüber gründete sich nicht in einer Absage an den Islam. Im Gegenteil geht auf Luthers Initiative die stark verspätete erste deutsche Übersetzung einer zweihundertfünfzig Jahre alten sogenannten Widerlegung des Koran zurück, die den Titel »Verlegung des Alcoran« (Verlegung meint hier Widerlegung) trägt.

Wenn Luther sich polemisch gegen Muslime und ihren Glauben richtet, dann in einer missionarischen Absicht. Andererseits sieht er das Erstarken des Islam (auch in Europa) als eine Folge der inneren Zerrissenheit des Christentums. Wenn Luther den Islam als eine falsche Glaubensrichtung ansieht, dann fordert er zugleich eine authentische Kenntnis des islamischen Urtextes. Allerdings stand ihm selbst nur der Text »Confutatio Alcorani« (1300) von Ricoldo da Monte di Croce (1243–1320) zur Verfügung, den er schließlich sehr frei und erheblich verkürzt übersetzte und unter dem Titel »Verlegung des Alcoran« 1542 in die deutsche Sprache veröffentlichte. Ricoldos auf Latein geschriebener Text wurde im 13. Jahrhundert ins Griechische übersetzt und später ins Lateinische rückübersetzt. Luther kannte nur diese vom Original abweichende und verfremdete Rückübersetzung. In der Vorrede zu seiner Schrift fragt Luther auf irritierende Weise, warum der Koran nicht längst aus dem Arabischen ins Lateinische übersetzt worden sei. Darüber hinaus kannte Luther ebenso die Schrift »Cribrationum Alcorani libri tres« [Die drei Bücher der Sichtung des Koran] von Nikolaus von Kues (1401–1464), in der dieser das Verhältnis zwischen Christentum und Islam erörterte. Nikolaus von Kues war schon zu Lebzeiten ein berühmter und universal gebildeter deutscher Philosoph, Theologe und Mathematiker. Er gehörte zu den ersten deutschen Humanisten in der Epoche des Übergangs zwischen spätem Mittelalter und früher Neuzeit.

Allerdings regte Kardinal Nikolaus von Kues seinen belgischen Bruder Dionysius den Kartäuser (1402–1471) dazu an, eine Schrift gegen den Koran vorzulegen. Das tat dieser auch und schickte sein monumentales Werk mit dem Titel »Contra Alchoranum et sectam Machometicam libri quinque« [Fünf Bücher gegen den Koran und die mohammedanische Sekte], das vermutlich um das Jahr 1454 entstand, an Papst Nikolaus V., dessen Pontifikat 1455 endete. In diesem aus heutiger Sicht zusammenhanglosen Machwerk versuchte der Autor umständlich und weitschweifig von ihm so genannte koranische Irrtümer zu widerlegen. Hierbei folgte er einer Auswahl von Quellen, welche die Abfolge der Suren berücksichtigt, aber wenig konsequent erscheint. Als Textgrundlage benutzte Dionysius der Kartäuser die lateinische Koran-Übersetzung von Robert von Ketton und vermutlich die Schriften von Marcus von Toledo.

In der Kirchenpolitik spielte Nikolaus von Kues eine bedeutende Rolle, insbesondere in den Auseinandersetzungen um die Kirchenreform. Im Konzil von Basel 1432 stand er zu Anfang auf der Seite der Mehrheit der Konzilteilnehmer, die eine Beschränkung der Befugnisse des Papstes forderten. Später allerdings wechselte er ins päpstliche Lager, das zuletzt auch die Oberhand gewann. Kues setzte sich für die päpstlichen Interessen ein, zeigte diplomatisches Geschick und absolvierte eine glanzvolle Karriere als Kardinal (seit 1448), als päpstlicher Legat, als Bischof im südtirolischen Brixen und als Generalvikar im vatikanischen Kirchenstaat. In Brixen stieß er allerdings auf großen Widerstand des Adels und des Landesfürsten, gegen den er sich zuletzt nicht durchsetzen konnte.

Als Philosoph stand Nikolaus von Kues in der Tradition des Neuplatonismus, dessen Ideen er sowohl aus antikem als auch aus mittelalterlichem Schrifttum aufnahm. Sein Denken kreiste um das Konzept des Zusammenfalls aller Gegensätze zu einer Einheit, in der sich die Widersprüche zwischen scheinbar Unvereinbarem auflösen. Philosophisch und theologisch sah er den Ort dieser Einheit in Gott. Auch in der Staatstheorie und in der Politik bekannte er sich zu einem Einheitsideal. Das Ziel, eine möglichst umfassende Eintracht zu verwirklichen, hatte für ihn höchsten Wert, sachliche Meinungsverschiedenheiten hielt er für zweitrangig. Im Sinne dieser Denkweise entwickelte er eine für seine Zeit ungewöhnliche Vorstellung von religiöser Toleranz. Dem Islam, mit dem er sich intensiv auseinandersetzte, billigte er einen relativen Wahrheitsgehalt und eine Existenzberechtigung zu.

Als Martin Luther später den Bibliander-Text (1543) in Händen hielt, der auf der lateinischen Übersetzung von Robert von Ketton (1110–1160) fußt und genau vierhundert Jahre vor seiner Drucklegung 1143 von Ketton fertiggestellt wurde, urteilte er, dass die Übersetzung übel verdolmetscht sei und er sich einen klareren Text zu lesen wünsche. Eigene Bemühungen um eine Koran-Übersetzung versandeten zuletzt. Zumindest zeugen diese aber von Luthers starkem Interesse an einer besseren Kenntnis des Islam und seines Urtextes, das in seinem Streben nach Erkenntnis (im Lichte des Evangeliums) begründet lag.

Robert von Ketton war ein englischer Theologe und Arabist. Geboren wurde er in dem kleinen Dorf Ketton in der Nähe von Stanford im Herzen Englands. Vermutlich wurde er an der Domschule von Paris, der sogenannten Schule von Chartres, bei Bernhard von Chartres (1060–1124) und Thierry von Chartres (1085–1155) ausgebildet. 1143 reiste Robert von Ketton mit Hermann von Carinthia (1100–1155), einem kroatischen Freund und Pariser Kommilitonen, in den Nahen Osten, in das Byzantinische Reich und nach Palästina. In Konstantinopel und Damaskus lernten sie die zeitgenössische arabische Wissenschaft kennen. Beide Männer wurden Übersetzer aus dem Arabischen.

1141 hielt sich Robert von Ketton in Spanien auf, dessen Trennung in einen christlichen und einen muslimischen Teil es zu einer einträglichen Quelle für Übersetzer machte. Einige unsichere Hinweise identifizieren Robert von Ketton als Robert von Chester, der zur gleichen Zeit als Übersetzer in Spanien wirkte. Von der Kirche unterstützt, wurde er Erzdiakon von Pamplona und widmete sich vor allem der Übersetzung naturwissenschaftlicher und mathematischer Texte. Das interessierte ihn offenbar mehr als die Übertragung theologischer Schriften. Es ist bekannt, dass er ebenso Euklid von Alexandria (360–280 v.u.Z.) studierte und die Werke von Mohammed ibn Dschâbir al-Battânî (859–929) übersetzte.

Berühmt wurde Ketton durch seine Übertragung des Koran, zu der ihn der Abt von Cluny Pierre Le Vénérable, heute eher bekannt als Petrus Venerabilis (1092–1156), anregte. Kettons Übersetzung wurde 1143 vollendet und erschien unter dem Titel »Lex Mahumet pseudoprophete« (Das Gesetz des Lügenpropheten Mohammed). Sie blieb bis ins 16. Jahrhundert der Hauptbezugspunkt abendländischer Islamstudien. Für Ketton war der Prophet ein Scharlatan und die Schrift keine göttliche Offenbarung. Daher war es nicht nur sein Ziel, Muhammad zu verunglimpfen, sondern auch Muslime, etwa während der christlichen Kreuzzüge, zum Christentum zu bekehren. Ketton wollte vielleicht nicht mit dem Schwert töten, aber mit der Zunge überzeugen und mit den Mitteln seiner Denkart siegen. Er wollte einen Glaubenskrieg mit der Feder führen und betonte, dass man die Anhänger des Islam nicht »mit Waffen, sondern mit Worten, nicht mit Gewalt, sondern mit Vernunft, nicht mit Hass, sondern mit Liebe« vom Christentum überzeugen sollte. Die beiden Koran-Übersetzungen von Robert von Ketton und von Marcus von Toledo (1210) sind die ersten vollständigen lateinischen Übersetzungen des heiligen Buches der Muslime.

MARTIN LUTHER: Vom Kriege widder die Türcken.
Wittenberg: Hans Weiss 1529, 64 Seiten.
MARTIN LUTHER: Eine Heerpredigt widder den Türcken.
Nürnberg: Johannes Stüchs 1530, 48 Seiten.
MARTIN LUTHER: Biblia, das ist, die gantze Heilige Schrifft Deudsch.
Wittenberg: Hans Lufft 1534, 636 Seiten [in sechs Teilen].
MARTIN LUTHER: Vermahnung zum Gebet wider den Türken.
Augsburg: Heinrich Steiner 1541, 24 Seiten.
DIONYSIUS DER KARTÄUSER: Contra Alchoranum et sectam Machometicam libri quinque. Köln: Peter Quentel 1533, 192 Seiten [Lateinische Fassung].
DIONYSIUS DER KARTÄUSER: Alchoran. Das ist des Mahometischen Gesatzbuchs und Türkischen Aberglaubens Ynnhalt und Ablaenung. Straßburg: Hans Schott 1540, 188 Seiten [Deutsche Fassung].
ALCORANUS ARABICE: Venedig: Paganino und Alessandro Paganini 1537/38, 464 Seiten (Format 18,5 x 14 cm) [Erster Druck des arabischen Koran-Textes].
RICOLDO DI MONTE CROCE: Verlegung des Alcoran. Verdeutscht durch Martin Luther. [Verlegung des Alcoran Bruder Richardi Prediger Ordens, Anno 1300.] Wittenberg: Hans Lufft 1542, 168 Seiten (Format 20,0 x 13,5 cm). Nachdruck Augsburg: Heinrich Steiner 1542.
ROBERTUS KETENENSIS: Lex Mahumet pseudo-prophete que arabice Alchoran, id est, collectio preceptorum vocatur. Basel: Johannes Oporinus 1543, 188 Seiten (Format 31,5 x 22,0 cm). Übersetzung: Das Gesetz des Pseudo-Propheten Mohammed, welches auf Arabisch Koran, also Sammlung der Vorschriften heißt (Enthalten als erster Teil in der Bibliander-Ausgabe).
MARCUS VON TOLEDO: Alcoran. Übersetzung von 1209/1210. Ungedruckter und unveröffentlichter Text (Wiener Handschrift). Standort: Universitätsbibliothek Wien – Bibliotheks-Signatur: Cod. Vind. Pal. 4297.

01 Theodor Bibliander (1504–1564)

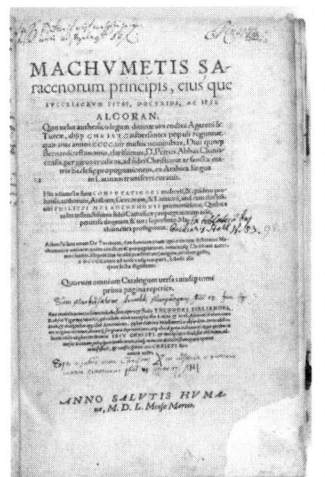

war Grammatiker und Sprachgelehrter, Bibelausleger und Eschatologe. Der Schweizer lebte in Basel und Zürich und bereitete auf der Grundlage der lateinischen Übersetzung von Robert von Ketton die erste gedruckte Ausgabe des Koran vor, die 1543 in Basel erschien. Theodor Bibliander wurde als Sohn des Ratsherrn und Stiftsamtmanns Hans Buchmann in Bischofszell geboren. Er besuchte ab 1520 eine Züricher Lateinschule, an der er die hebräische und griechische Sprache lernte. 1526 ging er nach Basel, um sein Studium der Theologie und der orientalischen Sprachen aufzunehmen. Auf Empfehlung Ulrich Zwinglis war er von 1527 bis 1529 Lehrer für Rhetorik und Hebräische Sprache an der Hochschule in Liegnitz.

Theodor Bibliander wurde schließlich im Jahr 1532 Ulrich Zwinglis Nachfolger als Professor für das Alte Testament an der Theologischen Fakultät in Zürich. Neben der Exegese biblischer Schriften widmete er sich einer Vielzahl weiterer theologischer Themen und Fragestellungen. Im Jahre 1560 wurde er infolge eines Lehrstreites emeritiert.

Seinen Ruf begründete er vor allem als Sprachgelehrter und Kenner der meisten semitischen Dialekte. Er nahm an theologischen und kirchlichen Verhandlungen aller Art teil, wahrte entschieden das Erbe Zwinglis und erlangte dabei Anerkennung als vorzüglicher Philologe und Bibelausleger. Seine Vorlesungen fanden durch die Nachschriften seiner Schüler weite Verbreitung. 1546 wurde ihm das Bürgerrecht der Stadt Zürich verliehen. Neben der Koran-Übersetzung in die lateinische Sprache setzte er die von Leo Jud (1482–1542) und Ulrich Zwingli (1484–1531) begonnene Übersetzung der reformatorischen Zürcher Bibel fort. Er verfasste archäologische Arbeiten über Jerusalem und überdies eine hebräische Grammatik. Vier Jahre nachdem Theodor Bibliander 1560 in den Ruhestand versetzt wurde, starb er an den Folgen der Pest.

Die erste gedruckte Koran-Übersetzung überhaupt, verbunden mit einer Sammlung der wichtigsten antiislamischen Schriften des Mittelalters, trägt den Titel »Machumetis Saracenorum principis eiusque successorum vitae ac doctrina ipseque Alcoran«. Der Koran kann nach islamischem Glauben nicht übersetzt werden, doch für die außerislamische Rezeption war die von Petrus Venerabilis (1092–1156) initiierte und von Robert von Ketton (1110–1160) vorgenommene und 1143 fertiggestellte älteste lateinische Übersetzung ein bedeutender Schritt. Die erste gedruckte Textausgabe des arabischen Koran aus dem Jahre 1537/38 galt lange als verschollen, da die Forschung davon ausging, dass die katholische Kirche die Ausgabe hatte verbrennen lassen. Der Text der lateinischen Koran-Übertragung von Bibliander geht auf ein arabisches Manuskript zurück, das im 12. Jahrhundert von Pierre von Cluny und Bernard von Clairvaux (1090–1153) aus Anlass ihres Besuchs in Toledo erworben wurde. Pierre von Cluny übertrug dem Engländer Robert von Ketton, der sich ebenfalls in Toledo aufhielt, die Aufgabe, das Manuskript ins Lateinische zu übersetzen. Im Jahre 1543 erschien schließlich die erste gedruckte Koran-Übersetzung.

Die Erstausgabe von 1543 ist auf Auktionen der letzten Jahrzehnte nicht nachweisbar und gilt im Handel als unauffindbar, oftmals aber wird die zweite Ausgabe aus dem Jahr 1550 aufgefunden und zurzeit mit einem Ankaufswert von 8.500 Euro gehandelt. Das Werk gliedert sich in drei Teile: Den ersten bildet die Übersetzung des Koran durch Theodor Bibliander, dessen Arbeit zum Teil eine Überarbeitung der erwähnten Übertragungen aus dem 12. Jahrhundert darstellt, teilweise auch auf einem arabischen Originaltext beruht, der ihm in einer Basler Handschrift zur Verfügung stand. Eingeleitet wird diese Arbeit mit einer Vorrede von Philipp Melanchthon (1497–1560). Der zweite Teil versammelt ältere Texte zum Koran und zum Islam, unter anderem von Girolamo Savonarola (1452–1498) und Nikolaus von Kues (1401–1464); dazu gehört auch der aus der Feder des byzantinischen Kaisers und Geschichtsschreibers Johannes VI. Kantakuzenos (1295–1383) stammende Widerlegungsversuch des Islam. Der dritte Teil beginnt mit einem Widmungsbrief Martin Luthers (1483–1546); es folgt eine Kompilation diverser Schriften zu Sitten und Gebräuchen des Osmanischen Reichs. Hier finden sich die Namen von Autoren, die das christliche Türkenbild des 16. Jahrhunderts mitgeprägt haben, darunter Juan Luis Vives (1492–1540), Paolo Giovio (1483–1552), Jacopo Sadoleto (1477–1547) und Papst Pius II. (1405–1464).

Während die Koran-Übersetzung als eine der bedeutendsten Leistungen der frühen orientalischen Sprachwissenschaft anzusehen ist, fügen sich die beigefügten Texte zu einem Zeitbild, das maßgeblich vom Gegensatz zum mächtigen und expandierenden Osmanischen Reich geprägt war und die vermeintliche Bedrohung Europas durch die osmanischen Türken im beginnenden 16. Jahrhundert widerspiegelt. Der vorliegende Text blieb bis ins 18. Jahrhundert eine wichtige Quelle für die Islamkenntnis in Europa.

Der Basler Verleger und Buchdrucker Johannes Oporinus (1507–1568) versuchte, um der Zensur zu entgehen, heimlich die von Theodor Bibliander besorgte Koran-Übertragung in Lettern zu setzen, um auf diese Weise die Behörden vor vollendete Tatsachen zu stellen. Dennoch erhielt die Stadt Basel im Jahre 1542 Kenntnis von diesem Vorhaben mit der Folge, dass der Druck beschlagnahmt, der Drucker verurteilt und für kurze Zeit inhaftiert wurde. Es ist Martin Luthers Eingreifen zu verdanken, dass der Drucksatz nicht vernichtet und die bereits ausgedruckten Bogen nicht eingezogen wurden. Dabei begründete er die Notwendigkeit einer Veröffentlichung einer Koran-Übersetzung damit: »Das man den Mahmet oder Turken nichts verdrieslicheres thun, noch mehr schaden zu fugen kan (mehr den mit allen waffen) denn das man yhren alcoran bey den Christen an den Tag bringe, darinnen sie sehen mugen, wie gar ein verflucht, schendlich, verzweivelt buch es sey, voller lugen, fabeln und aller grewel.«

Die Behörden akzeptierten schließlich Luthers Vermittlungsvorschlag, den Druckort und den Verlegernamen nicht anzugeben. Im Jahr 1543 konnte auf diese Weise die erste gedruckte Koran-Übersetzung in insgesamt drei Varianten erscheinen. Erst 1550 sollte eine vierte und zum Teil vermehrte Ausgabe folgen.

MACHUMETIS SARACENORUM PRINCIPIS EIUSQUE SUCCESSORUM VITAE AC DOCTRINA IPSEQUE ALCORAN. Quo velut authentico legum divinarum codice Agareni et Turcae, alijque Christo adversantes populi reguntur. Quae ante annos CCCC D. Petrus Abbas Cluniacensis per uiros erudiot. Ex Arabica lingua in Latinam tranferri curauit. His adiunctae sunt confutationes multorum et quidem probatissimorum authorum, Arabum, Graecorum et Latinorum. / Haec omnia in unum volumen redacta sunt. Opera et studio Theodori Bibliandri, Ecclesiae Tigurinae ministri, qui. Alcorani textum emendavit et marginibit apposuit Annotationes. Basel: [Nikolaus Brylinger für] Johannes Oporinus 1543, 634 Seiten, drei Teile in einem Band [Tomus primus, Tous secundus, Tomus tertius]. Schweinslederband (Format 31,5 x 22,0 cm). Die vierte Auflage von 1550 umfasst 678 Seiten.
Standort: Universitätsbibliothek Basel – Bibliotheks-Signatur: Aleph E IV 14:1 / Digitales Dokument: 10.3931/e-rara-246 (Ausgabe von 1543).
Standort: Bayerische Staatsbibliothek München – Bibliotheks-Signatur: 2 A.or. 50 / Digitales Dokument: VD16 K 2586 (Ausgabe von 1550).

Alchoran.
Das ist des Mahometisch
en Gesagbüchs vnd
Türckischen Aberglaubens
ynnhalt vnd ablänung.

Mit Keyß. M. Freyheit off. iiij. jar.
zu Straßburg bey Hans Schotten.
M. D. XL.

02 Johann Albrecht von Widmanstetter (1506–1557)

war Orientalist, leidenschaftlicher Sammler von Handschriften und ein ausgezeichneter Kenner des Arabischen, Hebräischen und Syrischen, zudem ein Spezialist für die jüdische Mystik der Kabbala. Er lebte in Regensburg und veröffentlichte unter Bezugnahme auf den noch ungedruckten Bibliander-Text und mithilfe von Guillaume Postel (1519–1581) eine von ihm so bezeichnete »Theologia Mahometis«, die im Großen und Ganzen dem Koran-Text entspricht.

Widmanstetter war Humanist und Diplomat, Theologe und Philologe und gilt noch heute als einer der entscheidenden Begründer der abendländischen Orientalistik. Er war verheiratet mit Anna von Leonsberg, einer illegitimen Tochter von Ludwig X., des Herzogs von Bayern (1495–1545). Seine Büchersammlung, die über achthundert Bände umfasste, unter denen sich mehr als dreihundert Handschriften vor allem in Arabisch und Hebräisch befanden, wurde später von Herzog Albrecht V. von Bayern für dessen Hofbibliothek erworben und bildete den Grundstock für die bis heute bedeutsame Sammlung orientalischer Handschriften der Bayerischen Staatsbibliothek. Zudem enthielt die Sammlung wertvolle Werke der klassischen Philologie, viele Texte zur Theologie sowie naturkundliche Schriften, unter anderem aus dem Bereich der Medizin.

Johann Albrecht von Widmanstetter studierte in Tübingen Jura, Theologie und orientalische Sprachen. Nach 1527 setzte er seine Sprachstudien in Italien fort; sein Schwerpunkt lag dabei auf dem Syrischen und Arabischen. Von 1533 an war er Päpstlicher Sekretär, erst bei Papst Clemens VII. (1478–1534), dann bei dessen Nachfolger Paul III. (1468–1549). Im Jahr 1533 hielt Widmanstetter eine Vorlesungsreihe in Rom, in der er die Theorien von Nicolaus Kopernikus (1473–1543) erläuterte. Diese Vorlesungen stießen bei den Kardinälen und bei Papst Clemens VII. auf großes Interesse. 1535 wurde Widmanstetter

Sekretär bei Nikolaus von Schönberg (1472–1537), dem Erzbischof von Capua. Der Kardinal schrieb, vermutlich aufgrund der Vorlesungsreihe, im Jahre 1536 einen Brief an Kopernikus, in welchem er diesen zur Veröffentlichung seines Werkes drängte.

Für Ludwig X., seinen Schwiegervater, war er nach seiner Rückkehr nach Bayern von 1539 bis 1545 als Rat in Landshut tätig und unternahm in seinem Auftrag zahlreiche Reisen, unter anderem erneut nach Rom und Gent. Nach dessen Tode 1545 wechselte er in den Dienst von dessen Bruder, Herzog Ernst (1500–1554), der von 1540 bis 1554 Erzbischof von Salzburg war. Von 1546 bis 1552 war Widmanstetter Kanzler und Archivar von Kardinal Otto von Waldburg (1514–1573), dem Bischof von Augsburg. Auf dem Augsburger Reichstag von 1548 wurde er vom Kaiser in den Ritterstand erhoben. 1551 folgte die Ernennung zum kaiserlichen Hofpfalzgrafen, und im darauffolgenden Jahr (1552) trat er als Kanzler der österreichischen Länder in den Dienst Kaiser Ferdinands I. (1503–1564). Zehn Jahre vor dessen Tod wurde er zum Superintendenten der Universität Wien ernannt. Hier war er neben der Reform der Universität auch mit der Gründung eines Jesuitenkollegs beauftragt. Ein Jahr nach dem Tod seiner Frau wurde er 1557 zum Priester geweiht und trat in das Regensburger Domkapitel ein. Etwas über einen Monat später verstarb er und wurde dort begraben.

Besondere Bedeutung hat Johann Albrecht von Widmanstetter bis heute vor allem als Mitbegründer der Orientalistik, in der er als Wegbereiter für die Beschäftigung mit der syrischen Sprache gilt, die er in kirchlichem Interesse betrieb. Davon zeugt seine Veröffentlichung des Neuen Testaments in syrischer Sprache, die er mit der Unterstützung Ferdinands I. aus einem mesopotamischen Manuskript heraus erstellte. Dieser Druck war zugleich der erste in einer orientalischen Sprache in Wien überhaupt. Ungedruckt hingegen blieben seine syrische und seine arabische Grammatik und seine Übersetzung des Koran ins Lateinische. Der damaligen Gelehrtentradition folgend, schrieb er nicht nur unter seinem Namen, sondern auch unter Pseudonymen

In den 1540er Jahren sorgte ein erbitterter Rechtsstreit für Aufsehen. Widmanstetter bezichtigte seinen alten Freund Gumppenberg, der im Auftrag des Bischofs von Eichstätt Moritz von Hutten arbeitete, für den er selbst in Rom tätig gewesen war, der Veruntreuung von Geldern und des unredlichen Verhaltens. Gumppenberg seinerseits behauptete, Widmanstetter sei jüdischer Abstammung und lutherischer Gesinnung, und bezichtigte ihn eines unsittlichen Lebenswandels. Widmanstetter wiederum behauptete, Gumppenberg habe ihn durch einen Hausgenossen ermorden lassen wollen. Der Streit zog sich durch mehrere weltliche und geistliche Instanzen. Ein zeitgeschichtlich interessanter Aspekt ist dabei die von den Kontrahenten disputierte Frage der Statthaftigkeit oder Unstatthaftigkeit von Duellen.

MAHOMETIS ABDALLAH FILII THEOLOGIA DIALOGO EXPLICITA. Hermanno Nellinggavnense interprete. Alcorani epitome, Roberto Ketenense Anglo interprete. Iohannis Alberti Vuidmestadij iurisconsulti notationaes falsarum impiarumque opionionum Mahumetis, quae in hisce libris occurrunt. Iohannis Alberti Vuidmestadij Iurisc, ad Ludouicum Aberti F. Palatij Rhenani Comitem. Bauariae utriusque Principem Illustriss. optimumque dicatio. Nürnberg: Johannes Otto 1543, 120 Seiten (Format 32,0 x 22,0 cm).
Standort: Universitätsbibliothek Augsburg – Bibliotheks-Signatur: BV004402343 / Sigel: 384 (Ausgabe von 1543).

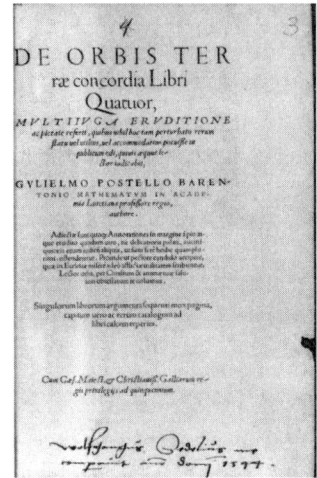

03 Guillaume Postel (1519–1581),

Mathematiker, Kartograf, Linguist, Kabbalist und Orientalist, galt schon zu seiner Zeit als Universalgelehrter und als bedeutender französischer Humanist. Er studierte Latein und Griechisch am Collège Sainte-Barbe in Paris und lernte Portugiesisch und Spanisch, später Hebräisch und Italienisch, außerdem Syrisch und Arabisch. Seine zahlreichen Talente wurden vom französischen König Franz I. und dessen Schwester Marguerite von Navarra entdeckt, weshalb er 1535 nach Konstantinopel entsandt wurde, um dort den französischen Botschafter Jean de la Fôret zu unterstützen. Dieser warb entscheidend für ein Bündnis der Osmanen unter Sultan Süleyman I. mit der französischen Krone. Guillaume Postel kehrte von dort mit wertvollen Manuskripten nach Paris zurück.

Guillaume Postel war von 1539 bis 1543 am Pariser Collège des trois languages Professor für Griechisch, Hebräisch und Arabisch. Intrigen und ungeschicktes Verhalten vertrieben ihn bald aus Paris. Er ging zu Fuß nach Rom und trat dort nur ein Jahr später dem Jesuitenorden bei, allerdings konnte der Novize dort nur achtzehn Monate lang bleiben. Er offenbarte Ignatius von Loyola seine Vision einer französischen Weltherrschaft mit einem in Frankreich gewählten Papst und musste umgehend das Kloster verlassen. Postel konnte zunächst in Rom bleiben, doch schon bald führte er ein unruhiges Wanderleben als Astrologe, Mystiker und Visionär. Die Jahre 1547 bis 1549 verbrachte er in Venedig, von wo er, durch seinen Verleger finanziell unterstützt, nach Jerusalem, Ägypten und ins Heilige Land und schließlich mithilfe des französischen Botschafters Gabriel de Luetz d'Aramont erneut nach Konstantinopel reiste. Dort traf er im Juni 1550 ein.

Postel verließ die Stadt bereits im Herbst wieder, lebte knapp zwei Jahre in Venedig und kehrte 1552 vermutlich über Dijon nach Paris zurück. Obwohl sein ehemaliger Gönner, der französische König Franz I., gestorben war, wurde Postel gnädig aufgenommen, erhielt allerdings nicht die gewünschte Stelle am Collège de France. Er unterrichtete am Collège des Lombards und predigte daneben seine religiös-politischen Visionen, bis König Heinrich II. ihm das untersagte. Im Mai 1553 verließ er Paris erneut und ging über Dijon und Besançon nach Basel. Dort veröffentlichte Postel eine berühmte Verteidigung (»Apologia pro Serveto«) des von Calvin verbrannten Ketzers Michael Servetus. Calvin antwortete mit der anklagenden Verteidigung »Defensio contra Servetum«, und Postel musste Basel verlassen. Er reiste nach Venedig, um an syrischen Bibeltexten zu arbeiten. Als er von einem ähnlichen Projekt in Wien hörte, ging er Ende 1553 an die Donau. Kaiser Ferdinand I. ernannte ihn zum Professor, doch Postel blieb auch in Wien nur kurze Zeit.

Als er erfuhr, dass seine Schriften in Venedig indiziert werden sollten, reiste er im Mai 1554 in die Stadt zurück, um sich zu verteidigen. 1555 wurde er wegen Häresie angeklagt und verurteilt, aber, eingestuft als »amens« (Schwachsinniger), freigelassen. Wegen eines weiteren Buches in Ravenna festgesetzt und nach Rom überstellt, war er seit 1556 im päpstlichen Gefängnis Ripetta in Rom inhaftiert. Im Aufruhr nach dem Tod Papst Pauls IV. wurde die Ripetta im Jahre 1559 von der Bevölkerung gestürmt, und Guillaume Postel konnte entkommen. Nach einigen Umwegen über Basel, Venedig, Augsburg und Lyon kehrte er 1562 nach Paris zurück. Seine Predigten brachten ihn wiederholt in Schwierigkeiten, und er musste sich 1563 in ein Kloster zurückziehen, wo er am 6. September 1581 starb. Er war allerdings kein Gefangener im eigentlichen Sinn, er konnte das Kloster von Zeit zu Zeit verlassen und arbeitete weiter an seinen Schriften.

Guillaume Postels unvollständige Übersetzung des Koran ist eine Übertragung des Textes aus dem Arabischen in die lateinische Sprache. Teile dieser Übersetzung gingen in die Koran-Ausgabe von Bibliander 1543 ein. Theodor Bibliander und Johann Albrecht von Widmanstetter übertrugen parallel aufgrund einer Vorlage von Robert von Ketton den Koran ins Lateinische und griffen hierbei auf Textteile von Guillaume Postel zurück. Postels frühes Buch »Grammatica arabica« (1539) enthält die Übertragung der Sure 1, sein Werk »De orbis terrae concordia« (1543) die weiterer Suren. Insgesamt übersetzte Postel weitaus mehr Koran-Passagen als Ricoldo da Monte di Croce oder Juan Andrés.

DE ORBIS TERRAE CONCORDIA LIBRI QUATUOR. Multiiuga eruditione ac pietate referti, quibus nihil hoc tam perturbato rerum statu uel utilius, uel accommodatius potuisse in publicum edi, quiuis aequus lector iudicabit. Gulielmo Postello Barentonio Mathematum in Academia Lutetiana professore regio, authore. Adiectae sunt quoque Annotationes in margine à pio atque erudito quodam viro. Basel: Johannes Oporinus 1543, 854 Seiten (Format 31,5 x 22,0 cm). *Standort:* Bayerische Staatsbibliothek München. – Bibliotheks-Signatur: Res/2 P.lat. 413 Beibd.3 (Ausgabe von 1544).

04 Andrea Arrivabene (1534–1570)

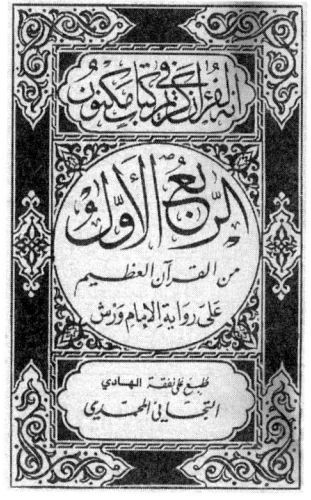

Der Buchdrucker Andrea Arrivabene wurde von seinen Zeitgenossen oftmals als »Libraio al segno del pozzo« bezeichnet, als Buchhändler im Zeichen des Brunnens. Die liberale Situation in Venedig in der Zeit der italienischen Reformation konnten Drucker und Buchhändler dazu nutzen, auch bislang unbekannte, verbotene, neu zu entdeckende und nicht zuletzt von der katholischen Kirche inkriminierte Texte zu veröffentlichen; so auch die erste Übersetzung des Koran in eine europäische Volkssprache, nämlich das Italienische. Diese erschien im Jahr 1547 unter dem Titel »L'Alcorano di Macometto, etc.« [Der Koran Mohammeds, in dem seine Lehre, sein Leben, seine Gewohnheiten und seine Gesetze enthalten sind. Neu aus dem Arabischen in die italienische Sprache übersetzt].

Zeitgenossen behaupteten daraufhin: »Dass von dieser lateinischen Version die italienische des Andrea Arrivabene geeignet sei, ungeachtet in seiner Widmung behauptet wird, dass diese unmittelbar aus dem Arabischen übersetzt wäre. Daher ist es kein Wunder, dass die Abschrift noch verfälschter und noch ungereimter ist, als die Kopie.« Die Zweifel sind berechtigt, dass diese Übersetzung nicht selbstständig aus dem Arabischen angefertigt wurde, sondern auf die Bibliander-Ausgabe von 1543 (nur vier Jahre zuvor erschienen) zurückgeht. Zu dieser Einschätzung kam bereits Thomas Erpenius (1584–1624) von der niederländischen Universität in Leiden. Schon die Einteilung des Textes insgesamt lasse diesen Schluss zu. Auch die Tatsache, dass sich die Widmanstetter-Anmerkungen (ebenfalls von 1543) mühelos auffinden lassen, bestärkten diese Vermutung. Thomas Erpenius gilt auch deshalb als ausgezeichneter Koran-Experte, da er 1610 eine von ihm so bezeichnete »Didaktik des Koran« an der Universität Leiden als Buch veröffentlichte.

Der Wunsch des Herausgebers dieser ersten italienischsprachigen Koran-Ausgabe war es, »unsere Religion und unsere Freiheit zu verteidigen«. Der Buchhändler Arrivabene begründete die Publikation offiziell mit dem Wunsch nach Pluralität im Glauben und nach Freiheit im Denken. Er selbst war kein Muslim, wollte aber den Koran bekannt machen. Im Zeitraum von 1536 bis 1570 druckte und veröffentlichte er fast einhundert Werke, die meisten davon in reformatorischer Absicht. 1551 wurde er von der Inquisition – aufgrund ketzerischer Umtriebe – angeklagt. Die Prozessakten sind allerdings nicht mehr auffindbar.

Wenngleich die philologische Eigenleistung Arrivabenes an dieser italienischen Koran-Ausgabe relativ gering ist, so gilt der venezianische Druck doch als ein bedeutendes Werk in der Geschichte der Verbreitung des Koran in Europa. Kurioserweise stützt sich die volkssprachliche deutsche Übersetzung von Salomon Schweigger auf die Ausgabe von Andrea Arrivabene.

ANDREA ARRIVABENE: L'Alcorano di Macometto, nel qual si contiene la dottrina, la vita, i costumi et le leggi sue. Tradotto nuovamente dall'Arabo in lingua Italiana. Venedig: Arrivabene 1547, 210 Seiten (Format 30,5 x 21,0 cm), gebunden.

05 André du Ryer (1590–1672)

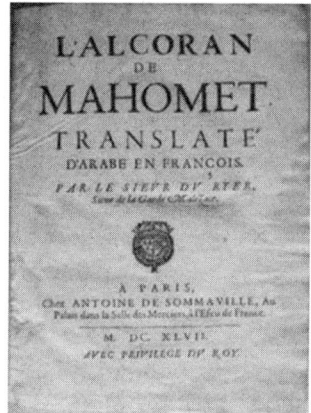

Die Koran-Übersetzungen von Robert von Ketton (1143) und Marcus von Toledo (1209–1210) waren die ersten vollständigen lateinischen Übersetzungen des heiligen Buchs der Muslime. Kettons lateinische Fassung beruht allerdings ebenso wenig wie die italienische Ausgabe von Arrivabene auf dem arabischen Original. Die erste erhaltene und komplette direkte Übersetzung vom Arabischen in eine europäische Sprache, nämlich die französische, stammt von André du Ryer und erschien 1647 in Paris.

André du Ryer war von 1616 bis 1621 französischer Diplomat in Alexandria und Kairo und lernte in dieser Zeit Arabisch, Türkisch und Persisch. Später diente er als französischer Gesandter in Istanbul. Neben dem Koran übersetzte er Bücher aus dem Persischen und edierte eine lateinische Grammatik des Türkischen. Außerdem verfasste er wichtige Werke zur Orientalistik. In seinem Schaffen musste er sich jedoch kirchenpolitischen und diplomatischen Gepflogenheiten anpassen. Einerseits vertrat er in offizieller Mission für Frankreich dessen militärische und ökonomische Interessen, andererseits missionierte die französische Kirche in besonderer Weise im Osmanischen Reich.

Diesen Umständen ist vermutlich die im Vorwort seiner Übersetzung deutlich formulierte Absage an den Islam zu schulden. Es lässt sich allerdings eher vermuten, dass André du Ryer dem Islam gar nicht ablehnend oder feindlich gegenüberstand. Ganz im Gegenteil benutzte er islamische Kommentare und Interpretationen, um seine Übersetzung deutlicher werden zu lassen. Der Text ist bis heute gut lesbar und verständlich, jedoch nicht immer flüssig und aus heutiger Sicht inhaltlich eher mangelhaft. Allerdings fand seine Koran-Übersetzung ein großes Publikum, wurde mehrfach aufgelegt und wiederholt in Frankreich und den Niederlanden gedruckt. Eine niederländische Übersetzung besorgte Jan Hendriksz Glazemaker. Dieser besondere Bucherfolg wurde zur Basis weiterer Koran-Übertragungen. 1787 erschien die französischsprachige Übersetzung des Diplomaten Claudé-Etienne Savary (1750–1833) und 1840 eine weitere Übertragung des Lexikografen und Orientalisten Albert de Biberstein-Kasimirski (1808–1887). Beide Ausgaben erlebten jeweils drei Nachauflagen.

L'ALCORAN DE MAHOMET. Translaté d'arabe en françois par le Sieur Du Ryer. Paris: Antoine de Sommaville 1647, 656 Seiten (Format 13,5 x 8,5 cm), gebunden. (Sieben weitere Auflagen in den Jahren 1649, 1672, 1683, 1719, 1734, 1770 und 1775.)

06 Jan Hendriksz Glazemaker
(1619–1682)

Glazemaker war Anhänger einer evangelischen Freikirche, deren Mitglieder sich nach Menno Simons als Mennoniten bezeichneten. Von Beruf her war er aufgrund seiner ausgezeichneten Sprachkenntnisse des Lateinischen und Deutschen, des Französischen und Italienischen Übersetzer. Unter anderen übersetzte er die philosophischen Texte von Descartes und Spinoza. Seine Übertragung des Koran basiert auf der französischen Fassung von André du Ryer und gilt nach Aussagen von Zeitgenossen als ein elegantes Stück Prosa, das offensichtlich für ein Publikum bestimmt war, das sich mehr für Literatur interessierte als für das theologische Studium des Islam.

Seiner Koran-Übersetzung gab Glazemaker seine Übertragung der Lebensbeschreibung des Propheten Muhammad bei, die der koptische Historiker Girgis al-Makin (1205–1273) verfasst und die bereits Thomas Erpenius (1584–1624) unter dem Titel »Historia Saracenica« [Geschichte der Sarazenen] in die lateinische Sprache übersetzt hatte. Außerdem fügte er Textauszüge kirchlicher Autoren zum Leben Muhammads hinzu, legte eine Beschreibung der Himmelsreise des Propheten bei und druckte ebenso seine Übertragung der schon in der Basler Koran-Ausgabe von Bibliander aus dem Jahr 1543 enthaltenen »Doctrina Mahometis«.

Bis 1734 erschienen von Jan Hendriksz Glazemakers Koran-Ausgabe sechs Auflagen. Dieser erste in die niederländische Sprache übertragene Koran ist ein besonderes Zeugnis der Rezeptionsgeschichte des heiligen Textes im frühen abendländischen Europa. Die nächste Koran-Übersetzung ins Niederländische sollte erst zwei Jahrhunderte später erscheinen, nämlich im Jahr 1859.

MAHOMETS ALCORAN. Door de Heer Du Ryer uit d'Arabische in den Fransche taal gestelt. Beneffens een tweevoudige beschryving van Mahomets leven en een verhaal van des zelfs reis ten hemel, gelijk ook zijn samenspraak met de jood Abdias. Alles van nieus door Jan Hendricsz Glazemaker inde Nederlantsche taal vertaalt en te zamen gebracht. Amsterdam: Ian Rieuwertlz Boekverkooper in Dirk van Assensteegh in't Martelaatsboek 1657, 707 Seiten (Format 19,5 x 13,0 cm), gebunden. (Zweite Auflage 1696 mit 557 Seiten.)

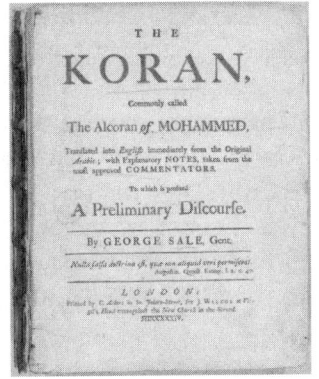

07 George Sale (1697–1736)

war ein britischer Rechtsanwalt und nebenher Orientalist, der 1734 die erste englischsprachige Ausgabe des Koran-Textes veröffentlichte, die direkt aus dem Arabischen übersetzt wurde. Während seines Jurastudiums lernte er Mitglieder der »Society for Promoting Christian Knowledge« kennen, die damit beschäftigt waren, das Neue Testament in die arabische Sprache zu übersetzen. Hinter diesem Bemühen steckte insbesondere die Absicht, die arabische Welt zu christianisieren. Ein Jahr vor Abschluss dieses Textes wurde George Sale als Korrektor engagiert. Zuvor nahm er Arabischunterricht bei den beiden gelehrten Syrern Carolus Dadichi (1687–1734) und Salomon Negri (1665–1729), die aus Aleppo beziehungsweise Damaskus stammten. Kurze Zeit später begann Sale mit der Übersetzung des Koran.

Seine Veröffentlichung besteht aus zwei Teilen: einer umfangreichen Einführung in den Islam und der Übersetzung des Koran-Textes. Die Einleitung enthält sowohl Informationen über Geografie, Geschichte und Religion der arabischen Welt als auch eine Einführung in die Grundlagen des islamischen Glaubens. Wenngleich viele seiner Darstellungen heute als veraltet gelten müssen, auch weil Sale keine originalen Quellen benutzte, galt sein Werk doch lange Zeit als Referenz für europäische Fragen zum Koran.

Die Übersetzung des Koran-Textes enthält Anmerkungen, Fußnoten und Kommentare. Es wird allerdings nicht deutlich gemacht, dass – wenngleich Sale direkt aus dem arabischen Original übersetzte – er sich auf die lateinische Ausgabe von Ludovico Marracci (1612–1700) stützte. Dennoch bezeichnete man seine Übertragung lange als bedeutend, und sie galt zwei Jahrhunderte lang als unübertroffen. George Sales Intention war rein wissenschaftlicher Natur, und er kritisierte die polemischen Angriffe auf den Koran und den Islam vehement, insbesondere bei Theodor Biblianer (1504–1564). Das brachte ihm sogar den Vorwurf ein, Propaganda für den Koran und den Islam machen zu wollen. Der Erstdruck von 1734 erlebte zwölf Jahre später eine Neuauflage und wurde bis in die Gegenwart immer wieder nachgedruckt.

THE KORAN. Commonly called the Alcoran of Mohammed. Translated into English immediately from the original Arabic with explanatory notes, taken from the most approved commentators, to which is prefixed a rreliminary discourse by George Sale. London: C. Ackers for J. Wilcox 1734, 716 Seiten (Format 28,0 x 22,0 cm), gebunden. (Neuauflagen 1764, 1838 und 1844.)

08 Salomon Schweigger (1554–1622)

wurde 1554 in Haigerloch geboren und wuchs in Sulz am Neckar auf. In evangelischen Klosterschulen lernte er Latein und nahm 1572, gerade achtzehnjährig, sein Studium der Theologie in Tübingen auf. Nur vier Jahre später brach er es ab, um seinem Drang, die Fremde zu bereisen, nachzugeben. Im österreichischen Graz wurde er schließlich doch noch examiniert und ordiniert. Von 1577 bis 1581 erhielt er die Gelegenheit, im Gefolge des Botschafters des österreichischen Kaisers Rudolf II. von Wien nach Konstantinopel zu reisen. Hier begegnete er zum ersten Mal der italienischen Koran-Ausgabe von Arrivabene.

Schweigger war also evangelischer Prediger, Reisender des Orients und nicht zuletzt der erste Übersetzer des Koran in die deutsche Sprache. Sein Anliegen war es, »dass ganz Teutschland diesen Laesterbrief und Zettel aller Greuel« lesen sollte. Er verfasste zudem eine in seiner Zeit bekannte Beschreibung einer Reise von Tübingen nach Konstantinopel, die er 1578 unternahm. Sie erschien dreißig Jahre später unter dem Titel »Newe Reyßbeschreibung auß Teutschland nach Constantinopel«. In diesem Reisetagebuch beschreibt der Autor sehr anschaulich seine persönlichen Erlebnisse und gewährt dem Leser noch heute interessante Einblicke in das Leben orientalischer Christen unter türkischer Herrschaft im damaligen Osmanischen Reich.

Salomon Schweigger fertigte also die erste Übersetzung des Koran in die deutsche Sprache aus dem Italienischen. Seine beiden Vorgänger Theodor Bibliander und Johann Albrecht von Widmanstetter übertrugen zu ihrer Zeit parallel aufgrund einer Vorlage von Robert von Ketton den Text ins Lateinische; beide Ausgaben erschienen 1543. Erst dreiundsiebzig Jahre später, 1616, erschien das Schweigger'sche Werk »Der Türken Alcoran, Religion und Aberglauben«. Das Buch erlebte 1623 eine zweite und 1659 sowie 1664 weitere Auflagen, allerdings ohne Namensnennung.

Von Konstantinopel aus unternahm Salomon Schweigger eine Pilgerfahrt nach Jerusalem. Er besuchte außerdem Damaskus und Kairo, bis er schließlich 1581 nach Sulz zurückkehrte. Nach seiner Rückkehr lebte er als Pfarrer, heiratete zwei Mal und zeugte die beiden Söhne Immanuel und Salomo. 1589 setzte ihn der Reichsfreiherr Heinrich Hermann in die Leitung einer Patronatspfarrei ein; 1605 wurde er an die Nürnberger Frauenkirche berufen. 1622 wurde Salomon Schweigger in Nürnberg im Alter von einundsiebzig Jahren beerdigt.

In seiner Zeit in Konstantinopel war Salomon Schweigger also auf jene italienische Koran-Übersetzung gestoßen, die offenbar unter den dort lebenden Christen eine gewisse Verbreitung besaß. Er übersetzte den Text aus dem Italienischen ins Deutsche und veröffentlichte ihn erst lange nach seiner Rückkehr in Nürnberg. Salomon Schweigger bediente sich der italienischen Fassung von Andrea Arrivabene aus dem Jahre 1547, die ihrerseits auf der lateinischen Übersetzung von Robert von Ketton (1110–1160) »Lex Mahumet pseudoprophete« aus dem Jahre 1143 fußt, wobei Salomon Schweigger überraschenderweise nicht auf den lateinischen Text zurückgriff. In seinem Vorwort klärt er seine Position als lutherischer Theologe gegenüber dem Islam: Diese Religion sei sowohl als eine Prüfung wie auch als eine Bestrafung für die Christen gedacht. Schweiggers deutsche Übersetzung erlebte zwei Auflagen (1616 und 1623) und wurde 1641 ins Niederländische übersetzt. In der Übersetzungsgeschichte ist sie zwar die erste deutsche Übertragung überhaupt, wird jedoch aufgrund der Unvollständigkeit und wegen gravierender Mängel oftmals beanstandet.

Die Titelbilder und Bildunterschriften, etwa »Mahumed der fallsche Prophet«, unterstreichen eine gewollte Verunglimpfung des Islam. Der Übersetzer bekundete seine feindselige Einstellung ebenfalls in Vorwort und Kommentar: »Ich halte aber dafür / dass dieser Tittel oder attributum eines fliegenden Briefs / der Vorreslästerlichen / Türckischen / Mahometischen / Saracenischen oder Agarenischen / Ismaelitischen Religion von Billigkeit wegen zugemessen werden soll / nemblich dem verfluchten Alcoran. Das Wort Alcoran heißt ein Lesen oder Legend / die Araberr nennens Alfurcan, das ist / der unterschied oder die unterschiedliche Lehr / welche vom Geseß und Evangelio zusammen gesambler und geflicker ist.«

ALCORANUS MAHOMETICUS. Das ist der Türcken Alcoran, Religion vnd Aberglauben. Auss welchem zu vernemen, wann unnd woher ihr falscher Prophet Machomet seinen Ursprung oder Anfang genommen, mit was Gelegenheit derselb diss sein Fabelwerck, lächerliche und närrische Lehr gedichtet und erfunden. Erstlich auss der arabischen in die italianische, jetzt aber in die teutsche Sprache gebracht durch Salomon Schweiggern. Nürnberg: Simon Halbmayer 1616, 297 Seiten (Format 21,0 x 14,5 cm), gebunden. (Neuauflagen 1623 mit 291 Seiten, 1659 mit 960 Seiten und 1664 mit 948 Seiten.)

AL-KORANUM MAHUMEDANUM. Das ist der Türcken Religion Gesetz und Gotteslästerliche Lehre. Mit einer Schrifftmäßigen Widerlegung der Jüdischen Fabeln Mahumedischen Träumen; närrischen und verführerischen Menschentands: Dabey zum Eingang deß Mahumeds Ankunft erdichte Lehr und Ausbreitung derselben: Darnach die Gesetz und ceremonien deß Al-Korans; samt dem erdichteten Paradeiß. Nürnberg: Wolfgang Moritz Endter 1659 und 1664, 932 Seiten. [Dritte und vierte Auflage.]

Standort: Bayerische Staatsbibliothek München / hier: Erste Auflage Nürnberg: Simon Halbmayer 1616, 267 Seiten – Bibliotheks-Signatur: 4 A.or. 422 a / Digitales Dokument: BV001766836 (Ausgabe von 1616) / ebenso: Zweite Auflage Nürnberg: Simon Halbmayer 1623, 304 Seiten – Bibliotheks-Signatur: 4 A.or. 422 b / Digitales Dokument: BV010026294 (Ausgabe von 1623).

09 Abraham Hinckelmann (1652–1695)

Bereits 1692 angekündigt, erschien die von [Dr.] Abraham H. Hinckelmann herausgegebene Koran-Edition erst zwei Jahre später. Diese rein arabische Ausgabe ohne lateinische oder anderssprachige Übersetzung wurde vom damaligen Hamburger Hauptpastor an St. Katharina initiiert, ediert und veröffentlicht.

Hinckelmann wurde 1652 im sächsischen Döbeln geboren. Er besuchte ab 1664 die Schule zu Freiberg und ab 1668 die dortige Universität, an der er außer Theologie insbesondere orientalische Sprachen studierte und bereits 1669 Magister wurde. An der Universität in Wittenberg erhielt der Theologiestudent eine ausgezeichnete Ausbildung in Orientalistik. Nur zwanzig Jahre alt, wurde er Rektor der Schule in Gardelegen und von dort aus in das gleiche Amt nach Lübeck berufen, das er ab 1675 innehatte. Hier heiratete er im gleichen Jahr die Witwe seines Vorgängers, der 1674 verstorben war.

Der Pietist Hinckelmann fühlte sich in seiner Lübecker Stellung nicht lange froh. Seiner Freundschaft mit Johann Winckler hatte er es zu verdanken, dass er, nachdem er 1685 einige Bekannte in Hamburg besucht hatte, im gleichen Jahr zum Diakon an St. Nicolai in Hamburg gewählt wurde. Schon bald wurde er als Oberhofprediger und Generalsuperintendent nach Darmstadt berufen und zum Honorarprofessor an der Universität Gießen ernannt. Ehe er diese Stellung antrat, ging er nach Kiel und promovierte dort zum Doktor der Theologie. Nach dem Tode des Seniors 1688 wurde Hinckelmann zum Hauptpastor an St. Katharina in Hamburg gewählt.

Als ein Vertreter des Pietismus war Abraham Hinckelmann in die konfessionellen Streitigkeiten seiner Zeit verwickelt, insbesondere in einen heftigen Kampf zwischen den Hauptpastoren von St. Michaelis, St. Nicolai und St. Jacobi. Hinckelmann war aus religiösen Gründen ein entschiedener Gegner der Oper am Gänsemarkt (der heutigen Hamburger Staatsoper) und bekämpfte diese im sogenannten Ersten Hamburger Theaterstreit heftig. 1694 erlebte er die Vollendung und Veröffentlichung seiner arabischen Ausgabe des Koran. Im Februar 1695 traf den Dreiundvierzigjährigen ein Blutsturz, den er selbst als eine Folge jener Kämpfe bezeichnete. Er starb noch am gleichen Tag. Ebenso wie als Schulmann, Theologe und Orientalist hat sich Hinckelmann auch als Prediger und Dichter geistlicher Lieder einen Namen gemacht. Eine Auswahl seiner Predigten erschien 1697.

Schon früh galt er als Sammler seltener Koran-Ausgaben, die nach seinem Tod in den Bestand der Hamburger Staats- und Universitätsbibliothek übergingen. Die Sammlung gab ihm die Möglichkeit, einen verlässlichen Koran-Text zu edieren. Die Ausgabe folgt keiner bestimmten Schule innerhalb der islamischen Rezitier- und Lesetraditionen; sie weicht sogar von der inzwischen als klassisch zu bezeichnenden Verszählung ab. Dennoch stellt seine Edition, so wie sie im ausgehenden 17. Jahrhundert erschien, eine bedeutende Arbeit dar.

Zum ersten Mal wurde auf diese Weise der arabischsprachige Text des Koran der abendländischen Welt Europas zugänglich gemacht. In der islamischen Welt hingegen war der Buchdruck mit seinen Vervielfältigungsmöglichkeiten noch nicht bekannt, der Koran wurde oral weiterverbreitet oder aber handschriftlich vervielfältigt. Zudem war es Christen kaum möglich, eine arabische Handschrift des Koran zu erwerben.

In seinem umfangreichen Vorwort, das Hinckelmann auf Latein verfasste, erklärt er seinen Verzicht auf eine Textübersetzung. Zuerst geht er allgemein auf seine Beschäftigung mit arabischer Literatur ein, dann empfiehlt er, den Koran (als den Grundlagentext des Islam) in seiner Originalsprache zu lesen und zu rezipieren. Allein mit dieser These ist er seiner Zeit weit voraus. Wenngleich ein großer Teil des Textes klar zu verstehen sei, gäbe es dennoch kleinere unverständliche oder missverständliche Teile, die nur mit aufwendiger philologischer Kraft, etwa dem Herstellen von Bezügen arabischer Kommentare oder entlegener Interpretationen, zu klären wären. Darum habe er auf eine Übersetzung verzichtet.

AL-CORANUS SIVE LEX ISLAMATICA MUHAMMEDIS. Filii Abdallae Pseudoprophetae, ad optimorum Codicum Fidem edita ex museo Abrahami Hinckelmanni. Hamburg: Schultz-Schiller 1694, 654 Seiten (Format 29,0 x 24,5 cm), gebunden.
Standort: Staats- und Universitätsbibliothek Carl von Ossietzky. / Ohne Signatur.
Siehe auch: TESTAMENTUM ET PACTIONES inter Muhammedem et christianae fidei cultores. Brendeke, Hamburg: Schultz-Schiller 1690, 414 Seiten [Arabisch und Latein].

10 Ludovico Marracci (1612–1700)

wurde in der Nähe von Lucca geboren und starb 1700 in Rom. Er war katholischer Priester, Theologe und Übersetzer. Insbesondere seine in der Zeit von 1691 bis 1697 entstandene und ein Jahr später veröffentlichte Kommentierung des Koran und vor allem dessen Übersetzung in die lateinische Sprache galt für Jahrhunderte als maßgebend.

Marracci trat im Alter von fünfzehn Jahren 1627 in Lucca dem Orden der Regular-Kleriker der Heiligen Mutter Gottes (Ordo Clericorum Regularium Matris Dei) bei und studierte in Rom Philosophie, Theologie sowie die Sprachen Chaldäisch und Griechisch, Hebräisch und Syrisch. 1645 wirkte er an der Übersetzung der Bibel in das Arabische mit. Elf Jahre später erhielt er auf direkte Anordnung des Papstes Innozenz XI. den Lehrstuhl für die arabische Sprache an der Universität La Sapienza in Rom und wirkte als Berater in verschiedenen Kardinalskongregationen, vor allem in der Kongregation für die Verbreitung des christlichen Glaubens (Congregatio de propaganda fide).

Daneben bekleidete er in seinem Orden wichtige Ämter; 1699 verzichtete er siebenundachtzigjährig aus Altersgründen auf seinen Lehrstuhl und verstarb im Jahr darauf. Sein Hauptwerk ist die lateinische Übersetzung des Koran; sie war allerdings schon die dritte. Die erste Übertragung von 1143 stammte von Robert von Ketton (1110–1160) und Herman von Carinthia (1100–1155), die zweite von 1209/10 Marcus von Toledo.

Der erste Band der Marracci-Veröffentlichung heißt »Prodromus ad refutationem Alcorani« (Vorläufige Widerlegung des Koran) und erschien 1691. Er enthält neben einer Darstellung des Lebens des Propheten eine Zusammenfassung der Grundlehren des Islam mit zahlreichen Quellenhinweisen auf islamische Theologen und Gelehrte. Marracci vertritt in seinen Darlegungen die für heutige Leser befremdliche Ansicht, dass die Lehren Mohammeds und Luthers sich nicht allzu sehr voneinander unterschieden. Der zweite Band trägt den Titel »Refutatio alcorani« und erschien 1698. Er ist Kaiser Leopold I. gewidmet, dem sogenannten Befreier von der Türkenbelagerung seiner Stadt Wien. Dieser Band enthält den eigentlichen arabischen Text des Koran, dessen lateinische Übersetzung mit Textanmerkungen und fragwürdigen Widerlegungen der islamischen Glaubenslehren und eine Lebensbeschreibung des Propheten. Das Werk wurde mehrfach aufgelegt, auch unter neuem Titel, wie beispielsweise »Al-Coranus ex idiomate Arabico quo primum a Mohammede conscriptus est, Latine versus per Ludovicum Marraccium«, gedruckt in Leipzig bei Sumtibus Lanckisianis im Jahr 1721.

Während Ludovico Marraccis in der Geschichte der Koran-Übertragungen direkter Vorgänger Abraham Hinckelmann (1652–1695) in erster Linie Ziele der Philologie verfolgte, waren seine Intentionen polemischer Natur. Dennoch ist Marraccis Übersetzung genauer als der Text von Hinckelmann und verfügt über philologische Qualitäten. Auf seiner Arbeit fußen weitere Übersetzungsversuche von George Sale (1697–1736) und Friedrich Rückert (1788–1866). Marracci hatte den großen Vorteil, auf orientalische Handschriftenbestände der Vatikanischen Bibliothek zurückgreifen zu können. Nicht zuletzt war er der erste christliche Gelehrte, der einen (echten) Kommentar zum Text des Koran und eine (philologische) Begründung seiner Arbeit als Übersetzer lieferte. Wenngleich Marraccis Intention sich im Umfeld kirchlicher Polemik gegen den Islam befindet, so sind die von ihm genannten arabischen Quellen bis heute von großem Wert.

Die zweisprachige Ausgabe des Koran, die Ludovico Marracci 1698 besorgte, war als Foliant gedruckt, das heißt, sie war nicht nur kostspielig für zeitgenössische Leser, sondern ebenso umfangreich wie unhandlich. Christian R. Reineccius (1668–1752) hatte daher 1721 die Idee, die umfangreichen Texterläuterungen Marraccis und den arabischen Originaltext wegzulassen und lediglich dessen lateinische Übersetzung zu veröffentlichen. Reineccius war studierter Theologe und publizierte unter anderem einen von ihm verfassten und so bezeichneten »Schlüssel zur Sprache des Alten Testaments« im Jahr 1704; er veröffentlichte außerdem mehrere Ausgaben von Bibel-Texten. Der von ihm besorgten Neuausgabe der Koran-Übersetzung von Marracci gab

Reineccius eine einfühlsame Einleitung bei, in der er über die Geschichte des Koran und die Religion des Islam informierte.

ALCORANI TEXTUS UNIVERSUS. Ex correctioribus Arabum exemplaribus summa fide. Atque pulcherrimis characteribus descriptus. Eademque fide, ac pari diligentia ex Arabico idiomate in Latinum translatus. Appositis unicuique capiti notis, atque refutatione. His omnibus praemissus est prodromus totum. Priorem tomum implens, in quo contenta indicantur pagina sequenti. Auctore Ludovico Marraccio e congregatione clericorum regularium Matris Dei, Innocentii XI. gloriosissimae memoriae olim confessario.
Padua: Typographia Seminarii 1698, 1.006 Seiten
(Format 37,0 x 26,0 cm), ledergebunden.
MOHAMMEDIS FILII ABDALLAE PSEUDO-PROPHETAE FIDES ISLAMITICA. I.e. Al-Coranus ex idiomate Arabico, quo primum a. Mohammede conscriptus est, Latine versus per Ludovicum Marraccium et ex ejusdem animadversionibus aliorumque observationibus illustratus et expositus, praemissa brevi introductione et totius religionis Mohammedicae synopsi. Ex ipso Alcorano, ubique Suris et Surarum versiculis adnotatis, congesta. Cura et opera Christiani Reineccii.
Leipzig: Sumtibus Lanckisianis 1721, 720 Seiten
(Format 17,5 x 10,5 cm), ledergebunden.
Standort: Bayerische Staatsbibliothek München – Bibliotheks-Signatur: 4 A.or. 234 a / Digitales Dokument: BV10248925.

11 Johan Lange (1630–1696)

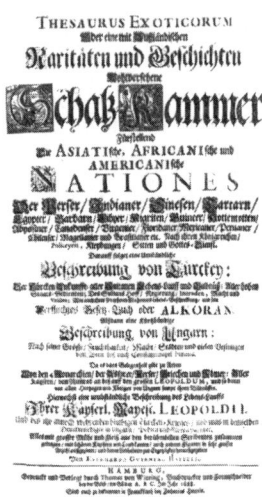

lebte bis zu seinem Tod in seiner Geburtsstadt Hamburg und wirkte dort als Barbier und Wundarzt. Viele Lebensdaten sind von ihm nicht bekannt. Er übersetzte zahlreiche Schriften – insbesondere auf dem Gebiet der Erbauungsliteratur, aber auch Werke aus Medizin, Chemie und Physik – unter anderem aus dem Englischen und dem Französischen in die deutsche Sprache. Auch lateinische Abhandlungen gab er heraus und übersetzte überdies die zweite deutschsprachige Ausgabe des Koran. Die meisten seiner Übersetzungen erschienen entweder ohne Angabe des Verfassers oder aber mit den Initialen J. L. oder J. L. M. C., Letzteres steht für medicinae candidatus [Kandidat der Medizin]. Zum Teil beschreibt Johan Lange sich selbst als Hamburger Bürger und Chirurgen.

Nach Salomon Schweiggers (1554–1622) Übersetzung von 1616 wurden weitere Versuche unternommen, den Koran ins Deutsche zu übertragen. Unter ihnen ist unbedingt die Übersetzung von Eberhard Werner Happel [Everhardo Guernero Happelio] (1647–1690) – zweiundsiebzig Jahre später – zu erwähnen, die trotz des erneuten kirchlichen Verbots von Papst Alexander VII. (1599–1667), den Koran weder im Urtext noch in einer Übersetzung zu veröffentlichen, im Jahr 1688 in Hamburg erschien. Der (gekürzte) Titel lautet: »Thesaurus Exoticorum oder eine mit außländischer Raritäten und Geschichten wohlversehene Schatzkammer«. Der (gekürzte) Untertitel heißt: »Der Turken Ankunfft; aller Sultanen Lebenslauff und Bildnuß. Wie auch ihres Propheten Mahomets Lebensbeschreibung/ und sein verfluchtes Gesetzbuch oder Al-Koran«. Auf der Titelseite werden als Inhalt erwähnt: Ungarn, vier Monarchien. Assyrer, Perser, Griechen und Römer, Beschreibung von Herrschern bis Leopold I. (1640–1705) und eine Beschreibung der Türkenkriege.

Interessant ist das gesamte Werk von Johan Lange, dessen Koran-Übersetzung einen nicht unwesentlichen Teil des Gesamtwerks bildet. Allerdings verzichtet er auf eine Zählung der Suren, teilt diese aber in mekkanisch oder medinensisch ein. Der Herausgeber seiner Übersetzung war jener Eberhard Werner Happel, der selbst als ein nicht unbedeutender Verfasser polyhistorischer Großerzählungen hervortrat. Johan Lange fertigte seine Übersetzungen hauptsächlich im Auftrag von Buchhändlern an, weshalb die Forschung vermutet, dass dieser vor allem übersetzte, um seinen Lebensunterhalt zu finanzieren. Gelegentlich notierte Lange in Vorreden, dass er kaum Zeit für Übersetzungen habe. Die von ihm vorgelegte Koran-Übertragung basiert allerdings auf der französischsprachigen Koran-Ausgabe des (französischen) Orientalisten André du Ryer (1616–1688) von 1647.

Happels Vorrede zur Koran-Übersetzung von Lange gipfelt allerdings in der nicht zu verzeihenden Kennzeichnung des Koran als eines verachtenswerten Buches. Dieser »Theraurus Exoticorum« gilt als eine der übelsten Hetzschriften gegen den Islam in deutscher Sprache überhaupt. Aufgrund seiner geringen Auflage hatte diese Übersetzung allerdings keine nennenswerte Wirkungsgeschichte.

Im Zuge der europäischen Aufklärung veränderte sich zwar einerseits die Neugierde auf den Koran-Text, aber andererseits die feindselige Polemik gegen ihn hingegen nur kaum. Der Prophet wurde zwar nicht mehr als Antichrist verunglimpft, aber immer noch »nur« als ein falscher Gesandter, großer Betrüger und arger Bösewicht beschimpft. Der Koran selbst wurde weiterhin als dessen verfluchtes Gesetzbuch, falsche Offenbarung, als Lügen- und Fabelbuch geschmäht, sowie der Islam als Aberglaube verteufelt.

Der Herausgeber Eberhard Werner Happel wurde 1647 im hessischen Kirchhain als Sohn eines evangelisch-lutherischen Pastors geboren. Er studierte seit 1663 Mathematik und Medizin, später auch Jura in Marburg; danach ging er nach Hamburg. Von 1674 bis 1679 war er in Holstein angestellt, dann kehrte er nach Hamburg zurück, wo er als Lehrer und Schriftsteller lebte. Daneben trat Happel als Übersetzer lateinischer Schriftsteller und als Autor historischer Werke hervor. 1688 veröffentlichte er sein »Thesaurus Exoticorum«, ein Lehrbuch mit Angaben über die verschiedensten außereuropäischen Länder.

Im Hauptteil seines »Thesaurus Exoticorum«, das der Koran-Übersetzung von Lange vorangestellt ist, beschreibt Happel die Geschichte der Osmanen, die er das türkische Reich nennt, und illustriert diese durch viele Abbildungen. Den Schluss bilden ein Lebensbild des Propheten und der Alkoran selbst, den Happel als verfluchtes Gesetzbuch bezeichnet.

Die wiederholt anzutreffende Behauptung, Johan Lange hätte die erste Koran-Übersetzung in die deutsche Sprache erstellt, ist also historisch falsch. Salomon Schweigger publizierte die erste deutschsprachige Ausgabe bereits 1616. Jedoch fiel in Langes Zeit der weltweit erste Buchdruck des Koran: 1694 brachte der ebenfalls in Hamburg wohnende Abraham Hinckelmann (1652–1695) eine arabisch gedruckte Version des Korans heraus, also sechs Jahre nach der deutschen Ausgabe von Lange. Bis zu dieser Zeit war der Koran nicht als Originaltext vorhanden.

VOLLSTÄNDIGES TÜRCKISCHES GESETZ-BUCH. Oder des Ertz-betriegers Mahomets Alkoran. Welcher vorhin nimmer volkommen heraus gegeben noch im Truck ausgefertiget worden. Aus der arabischen in die französische Sprache übergesetzet durch Herrn du Ryer, aus dieser aber in die niederländische durch H. J. Blasemacker und jetzo zum allerersten Mahl in die hochteutsche Sprache versetzet durch Johann Lange. Enthalten in »Thesaurus Exoticorum« des Eberhard Werner Happel, Hamburg: Thomas von Wiering 1688, 115 Seiten (Format 36,0 x 22,0 cm), ledergebunden.

THESAURUS EXOTICORUM. Oder eine mit Außländischen Raritäten und Geschichten wohlversehene Schatz-Kammer: Fürstellend Die Asiatische, Africanische und Americanische Nationes Der Perser, Indianer, Sinesen, Tartarn, Egypter, Barbarn, Libyer, Nigriten, Buineer, Hottentotten, Abyssiner, Canadenser, Virgenier, Floridaner, Mexicaner, Peruaner, Chilenser, Magellanier und Brasilianer etc. Nach ihren Königreichen, Policeyen, Kleydungen, Sitten und Gottes-Dienst. Darauff folgt eine Umständliche Beschreibung von Türckey: Der Türcken Ankunfft; aller Sultanen Lebens-Lauff und Bildnüß. Des Sultans Hoff, Regierung, Intraden. Wie auch ihres Propheten Mahomets Lebens-Beschreibung, und

sein Verfluchtes Gesetz-Buch oder Alkoran. Alßdann eine
Kürtzbündige Beschreibung von Ungarn. Hiernechst eine
umbständliche Beschreibung des Lebens-Lauffs Ihrer Käyserl.
Mayest. Leopoldi I. alles mit grosser Mühe und Fleiß aus den
berühmtesten Scribenten zusammen getragen, mit schönen Kupfern
und Landkarten, außgezieret und heraußgegeben von Everhardo
Guernero Happelio. Hamburg: Thomas von Wiering [im guldenen
A, B, C, neben der Borse] 1688, 848 Seiten (Format 35,4 x 21,0 cm),
ledergebunden. (Sind auch zu bekommen bey Franckfurth und
Leipzig: Zacharias Herteln.)
Standort: Bibliotecario Nazionale Venezia – Hier: Erste Auflage
Hamburg 1688, 848 – Bibliotheks-Signatur: 2 A-O4 P2

12 David Nerreter (1649–1726)

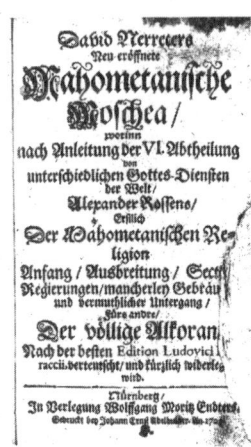

war lutherischer Theologe und kirchlicher Generalsuperintendent mit einem Hang zum damals beginnenden Pietismus. Er besuchte die Lateinschule und das Gymnasium in Nürnberg und studierte ab 1668 an der dortigen Universität. Er setzte sein Studium in Königsberg fort, wo er 1672 die Magisterwürde erhielt und anschließend Gehilfe an der Philosophischen Fakultät wurde. Nach einer längeren Auslandsreise, die ihn nach Schweden und Russland führte, kehrte er nach Altdorf zurück, wo er Dichtkunst unterrichtete. Im Jahre 1677 erhielt Nerreter einen Ruf als Hofkaplan ins bayerische Oettingen. Vier Jahre später wurde er dort Diakon und 1683 Konsistorialrat. Nerreter war seit 1678 verheiratet mit Dorothea Felicitas Bock aus Oettingen, der Tochter des Generalsuperintendenten und Oberhofpredigers Benedikt Bock.

Der Theologe David Nerreter bildete sich auf längeren Studienreisen weiter, bevor er 1685 in seiner Heimatstadt Nürnberg zum Diakon berufen wurde. Eine Übernahme der Generalsuperintendentur im Kloster Kirchheim lehnte er ab. Ein Jahr später erhielt er eine ähnliche Position an der Nürnberger Hauptkirche, nach weniger als zwei Jahren wechselte er in ein Gemeindepfarramt.

Von 1709 bis 1720 wirkte David Nerreter auf Geheiß des preußischen Königs Friedrich I. als Generalsuperintendent in Pommern. Seine Abhandlungen über außerchristliche Religionen sind zwingend vor dem Hintergrund seiner seelsorgerischen Absicht zu beurteilen. David Nerreter war Mitglied des in Nürnberg ansässigen Pegnesischen Blumenordens, einer Sprach- und Literaturgesellschaft aus der Barockzeit, die seit ihrer Gründung 1644 ununterbrochen fortbesteht und bis heute nur 1750 Mitgliedsnummern vergab.

David Nerreters Koran-Übersetzung ist Bestandteil einer Art religionshistorischer Trilogie, deren weitere zwei Teile die Titel »Wunderwürdiger Juden- und Heidentempel« (1701) sowie »Schauplatz der streitenden, doch unüberwindlichen Kirche« (1707) tragen. Sein Buch aus dem Jahr 1703 enthält neben einer Einführung in den Islam auch eine frühe Übersetzung des Koran. Sie basiert auf dem lateinischen Koran-Text des italienischen Paters Ludovico Marracci (1612–1700). Dessen Ausgabe enthält den arabischen Text mit einer lateinischen Version nebst Anmerkungen zum Textverständnis und einer Zurückweisung aus römisch-katholischer Sicht. Marracci musste sich gegen den Einwand wehren, dass bereits Papst Alexander VII. (1599–1667) verboten hatte, den Koran zu drucken oder in andere Sprachen zu übersetzen.

David Nerreters Übersetzung war wegen der vielleicht besseren Quelle genauer, aber ihre Intention und die Kommentare waren weiterhin feindselig. In seiner Widmung bezeichnete Nerreter den Propheten Muhammad als Betrüger und behauptete, dass der Erfolg des Islam auf Austritten der Christen aus ihrer Religion begründet sei sowie darauf, dass sie der Pracht und dem äußerlichen Schein der mahometanischen Religion folgten. Zum Teil unter Zuhilfenahme von Bibelstellen wurden in den Anmerkungen die Lehren des Koran zurückgewiesen, bewusst in ein schlechtes Licht gestellt und verunglimpft. In seinem Vorwort bezeichnet Nerreter die Koran-Übersetzung von Marracci als die bislang beste Übertragung. Nerreter selbst konnte kein Arabisch und hat sich vermutlich darum auf die Marracci-Übersetzung bezogen und diese aus dem Lateinische ins Deutsche übertragen. Nerreters Koran-Ausgabe fand keine große Verbreitung, da sich der Buchumfang auf über tausend Seiten bemaß. Das machte die Ausgabe in jener Zeit unerschwinglich teuer.

NEU ERÖFFNETE MAHOMETANISCHE MOSCHEA. Worinn nach Anleitung der VI. Abtheilung von unterschiedlichen Gottes-Diensten der Welt, Alexander Rossens, Erstlich Der Mahometanischen Religion Anfang, Ausbreitung, Secten, Regierungen, mancherley Gebräuche, und vermuthlicher Untergang, [Untertitel:] Fürs andre Der völlige Alkoran, Nach der besten Edition Ludovici Marraccii, verteutscht und kürzlich wiederlegt wird. Nürnberg: Wolfgang Moritz Endters [gedruckt bey Ernst Adelbulner] 1703, 1222 Seiten (Format 31,0 x 22,0 cm), ledergebunden.

Standort: Universitätsbibliothek Heidelberg (Sammlung Hans-Werner Gensichen) – Bibliotheks-Signatur: 2008 C 1559 RES / (Sonderstandort / Ausstellung HS Abteilung 1), aber auch Fakultätsbibliothek Theologie – Bibliotheks-Signatur R Dkd 84 (Mediennummer: 31135838 und Inventarnummer: WT 0547/57) Standort: Forschungsbibliothek Gotha – Bibliotheks-Signatur: Th 8° 03833

13 Theodor Arnold (1683–1771)

gilt als sogenannter englischer Sprachmeister und wird oft zitiert. Von ihm sind Aussagen überliefert wie: »Der Koran ist ganz prächtig« und »Der Koran ist kein neu erfundenes Gedicht«. Auf Deutsch kam seine Übertragung des Koran 1746 heraus, die wiederum eine Übertragung der englischen Übersetzung von George Sale von 1734 war. Theodor Arnold ist außerdem Verfasser einer kurz gefassten englischen Grammatik von 1736. Er wurde 1683 in Annaberg als Sohn eines Predigers geboren, studierte in Leipzig und arbeitete als Lehrer für Englisch, zudem war er Übersetzer und Lexikograf. Er starb 1771 im Alter von achtundachtzig Jahren in Leipzig.

Theodor Arnolds Koran-Übersetzung befand sich in Johann Wolfgang von Goethes (1749–1832) Bibliothek, die dieser vielfach für seinen West-östlichen Divan (1819) nutzte. Das lyrische Ich des »West-östlichen Divan« ist muslimisch, und in ihm werden muslimische Lehrmeinungen vorgestellt. Im Mahomet-Kapitel dieser Gedichtsammlung findet sich ein längeres Zitat aus dem Koran, nämlich die Sure 2, Vers 1 bis 7, nach der Übersetzung von Theodor Arnold.

Im Jahrhundert der Aufklärung, in dem die erste vollständige und sich dem Original annähernde Koran-Übersetzung von Theodor Arnold veröffentlicht wurde, war man bestrebt, sich mit fremden Kulturen, deren Ursprüngen und Quellen auf der Grundlage der Vernunft auseinanderzusetzen. Mit der Aufklärung hatte sich die Geisteshaltung in Europa grundlegend geändert.

Theodor Arnolds Übertragung von George Sales englischer Koran-Übersetzung war die erste vollständige deutschsprachige des heiligen Buchs des Islam. Sie gab zwar ungefähr die Bedeutung ihrer Vorlage wieder, ist aber nicht immer (sprachlich) genau. Ein wesentlicher Unterschied zu früheren Übersetzungen waren die weniger feindseligen Kommentare gegenüber dem Propheten und dem Islam. Goethe selbst notierte zum Thema Koran-Übersetzung: »Wir wünschten, dass einmal eine andere unter morgenländischem Himmel von einem Deutschen verfertiget würde, der mit allem Dichter- und Prophetengefühl in seinem Zelt den Koran läse und Ahndungsgeist genug hätte, das ganze zu umfassen. Denn was ist auch jetzo Sale für uns?« Als wertvoll erscheint die vorläufige Einleitung (Seite 1 bis 232), die auch dem deutschen Leser erstmals eine von jeglicher Polemik freie Einführung in die Vorgeschichte und Geschichte des Islam bietet. Die Koran-Übersetzung schließlich beginnt mit neuer Paginierung und umfasst 693 Seiten. Dem folgt eine neunseitige Tabelle mit Materialien und Anmerkungen. Leider fehlt der Übersetzung eine Verszählung.

DER KORAN. Oder Insgemein so genannte Alcoran des Mohammeds. Unmittelbahr aus dem Arabischen Original in das Englische übersetzt, und mit beygefügten, aus den bewährtesten Commentatoribus genommenen Erklärungs-Noten, wie auch einer vorläuffigen Einleitung versehen von George Sale, Gent. Aufs treulichste wieder ins Teutsche verdollmetschet von Theodor Arnold. Lemgo: Johann Heinrich Meyer 1746, 944 Seiten (Format 25,0 x 19,0 cm), gebunden.
Standort: Bayerische Staatsbibliothek München – Bibliotheks-Signatur: 4 A.or. 424

14 David Friederich Megerlin
(1699–1778)

wurde 1699 im württembergischen Königsbronn geboren und war Absolvent des Tübinger Stifts, studierte neben evangelischer Theologie privat die arabische Sprache und bezeichnete sich selbst als Orientalist. Er war Gymnasiallehrer in Maulbronn und seit 1736 Prediger. Nachdem er 1748 als Dekan nach Güglingen versetzt wurde, entließ man ihn aufgrund einer Unterschlagung aus dem kirchlichen Dienst. Die Jahre bis zu seinem Tod im Jahr 1778 lebte er als Privatgelehrter.

Megerlin erstellte seine deutsche Koran-Übersetzung aus dem Arabischen unter dem fragwürdigen Titel »Die türkische Bibel« (1772). In philologischer Hinsicht beweist seine Arbeit, dass seine Kenntnisse des Arabischen nicht sehr hoch einzuschätzen sind. Neben einem Kupferstich Muhammads wird der Gesandte tituliert als »der falsche Prophet und Antichrist«. In seiner widerlichen Schrift »Grundriss der Offenbarung« (1769) behauptet Megerlin gar, den Grund gefunden zu haben, warum Muhammad »der Antichrist« und »das Untier der Apokalypse« sei. Sein Hass auf den Islam und seine Befangenheit ließen seine Leistungen insgesamt zu einem Misserfolg werden.

Johann Wolfgang von Goethe (1749–1832) bezeichnete die Koran-Übertragung als eine »elende Produktion«, ging es David Friederich Megerlin doch nur darum, den Koran als »Lügen- und Fabelbuch« zu entlarven. Goethes Besprechung des Buches ist vernichtend, und er unterstellt dem Übersetzer, weder die arabische noch die deutsche Sprache zu beherrschen. Allerdings regte Megerlins Arbeit den zweiundzwanzigjährigen Dichter zu einem frühen Mahomet-Drama an.

Megerlin und Gleichgesinnten ist es zu verdanken, dass trotz gegenteiliger Darstellung in den Künsten noch in der zweiten Hälfte des 18. Jahrhunderts eine große Missgunst zwischen Christentum und Islam (und Judentum) dominierte. Obwohl die zeitgenössische Kritik

Megerlins Werk mehr als kritisch aufnahm und bewertete, fanden seine Intoleranz und sein Fremdenhass Eingang in die politische Diskussion.

Leider war der Umgang mit dem Koran immer noch nicht sachlich genug, sodass solche verunglimpfenden Übersetzungen erscheinen konnten. Dabei anerkannte Gottfried Wilhelm Leibniz (1646–1716) bereits in der Vorrede zu seiner »Theodicee« (1710), dass der Prophet sich von »den großen Lehrsätzen der Religion« nicht entfernt habe, dieser habe gar zum Rückgang des »heidnischen Aberglaubens« und zur Verbreitung der »wahren Lehre von der Einheit Gottes und der Unsterblichkeit der Seele« beigetragen, und das insbesondere bei den »entfernten Völkern Asiens und Afrikas, zu denen das Christentum noch nicht gebracht war.« Leibniz sah also im Islam eine »natürliche Religion«, in der Vernunft und Offenbarung eine harmonische Symbiose einzugehen hätten.

Siebzig Jahre später bekannte sich Gotthold Ephraim Lessing (1729–1781) mit frischem Blick und differenzierter Ansicht zum Islam. Nicht nur das in diesem Themenfeld als klassisch zu bezeichnende Drama »Nathan der Weise« (1779) mit seiner auf Toleranz gegenüber allen drei monotheistischen Religionen ausgerichtetem Kernaussage kennzeichnet diesen außergewöhnlichen Denker. In der Figur Nathan des Weisen setzte Lessing seinem Freund Moses Mendelssohn (1729–1786) ein Denkmal. In der seit dem Mittelalter überlieferten »Ringparabel« im dritten Aufzug des Dramas wird eine Paraphrase aus Lessings »Wolfenbütteler Fragmenten« deutlich: »Fast alles Wesentlich in Mahomet's Lehre laufe auf natürliche Religion hinaus.« Teile seiner religionskritischen Schriften antizipieren das für seine Zeit unorthodox freie Denken von Hermann Samuel Reimarus (1694–1768).

Zu den besonders argen Revanchisten gehört David Friederich Megerlin, der in den Zeiten des »Nathan«-Dramas in archaischem Stil und mit antitürkischem Ressentiment den Koran als eine »türkische Bibel« bezeichnet. Neben seiner Verachtung für die Türken zeigt diese Bezeichnung die Ignoranz Megerlins. Intoleranz und Fanatismus bahnen sich ihren Weg nicht nur im theologischen Bereich, sondern wollen sich zudem politisch äußern. In seinem Schmähtext »Theologischer Glückwunsch« (1770) fordert Megerlin den Kaiser des Heiligen Römischen Reiches Joseph II. (1741–1790) dazu auf, einen Feldzug gegen die

Türken zu führen, um diese aus Europa zu verdrängen. Letzterem ist Megerlins Koran-Text gewidmet.

DIE TÜRKISCHE BIBEL. Oder des Korans allererste teutsche Uebersetzung aus der arabischen Urschrift selbst verfertiget von M. David Friederich Megerlin. Welcher Nothwendigkeit und Nutzbarkeit in einer besonderen Ankündigung hier erwiesen von D. F. Megerlin. Franckfurt am Mayn: Johann Gottlieb Garbe 1772, 876 Seiten (Format 31,0 x 20,0 cm), gebunden.

15 Friedrich Eberhard Boysen
(1720–1800)

war Hofmeister zu Ostermark, Konrektor in Seehausen, Oberhofprediger in Magdeburg und Konsistorialrat im Reichsstift Quedlinburg, wo er im Jahr 1800 starb. Boysen gilt als einer der letzten Vertreter des altlutherischen Lehrbegriffs im Zeitalter der Aufklärung. 1795 veröffentlichte er seine Lebensbeschreibung, außerdem verfasste er »Kritische Erläuterungen des Grundtextes der Heiligen Schrift« (1760–1764) und eine »Allgemeine Welthistorie« in zehn Bänden (1767–1772).

Nur ein Jahr nach Megerlins erschien 1773 Boysens Koran-Übersetzung aus dem Arabischen, die fünfundfünfzig Jahre später, im Jahr 1828, von dem Orientalisten Samuel Friedrich Günther Wahl (1760–1834) überarbeitet und neu herausgegeben werden sollte. Hatten frühere Übersetzungen ins Deutsche die Vorbehalte der christlichen Kirchen gegenüber dem Koran und dem Islam widergespiegelt, sollte sich dies mit der Boysen-Ausgabe ändern. Bereits der Untertitel »Geschichte des Propheten und seiner Reformation« signalisierte die Wertschätzung Boysens für den Koran und sein Interesse am Islam. Auch in der Zeit eines aufgeklärten Absolutismus unter dem »großen« preußischen König Friedrich II. (1712–1786) war das keinesfalls selbstverständlich.

Dem kaum ausgesprochenen Wunsch nach einer besseren Koran-Übersetzung als der von David Friederich Megerlin folgte nur ein Jahr später die Ausgabe von Friedrich Eberhard Boysen im Jahr 1773. Auch sie zeigte ihre Wirkung in der Literatur. Johann Wilhelm Gleim (1719–1803) war unter anderem mit Johann Gottfried Herder, Friedrich Gottlieb Klopstock, Moses Mendelssohn, Johann Gottfried Seume und Johann Heinrich Voß befreundet und begründete einen Bund junger Autoren, die sich der Aufklärung verpflichtet fühlten. Zu seinem Gedichtzyklus »Halladat oder das rothe Buch« (1774) wurde er durch Boysens Koran-Ausgabe angeregt.

Friedrich Eberhard Boysen wurde wie Johann Wilhelm Gleim in Halberstadt geboren, diente als Konsistorialrat am Quedlinburger Gymnasium und veröffentlichte in dieser Zeit seine »Theologischen Briefe«, in denen er äußerte, dass er sich zum evangelischen Theologen berufen fühlte. In seiner späteren Zeit in Halle interessierte er sich für den Orient und lernte Arabisch bei den Arabisten Johann Heinrich Callenberg (1694–1792), Christian Benedikt Michaelis (1680–1764) und Ludwig Schulze (1734–1799). Während dieser Zeit übertrug Boysen bereits erste Suren ins Deutsche. In seinem fertigen Buch dankte er ausdrücklich Freunden, »die sich die Mühe genommen haben, meine Übersetzung des Korans mit dem Grundtexte zu vergleichen.«

Boysen griff bei seiner Übersetzung auf sechs Koran-Drucke – darunter auf den Hinckelmann-Text (1694) und die Marracci-Ausgabe (1698) – zurück und berücksichtigte ebenso Interpretationen und Kommentare islamischer Exegeten. Seine Intention war, peinlich genau und aufrichtig mit dem heiligen Text zu verfahren. Entgegen der destruktiven Haltung Megerlins versuchte Boysen objektiv zu sein. Bis heute wird spekuliert, ob Goethe Initiator dieser wichtigen Koran-Übertragung war. Boysen trat nicht allein auf, sondern als Wortführer einer Gruppe deutscher Gelehrter, die in Ablehnung von Megerlins Arbeit mit der islamfeindlichen Tradition brach und einen Wechsel in der Beziehung zum Islam verlangte. Als der Boysen-Text 1773 erschien, berief sich die interessierte literarische Welt sofort auf ihn. Noch fünfzig Jahre später urteilte Heinrich Heine (1797–1856) in einem Brief vom Januar 1824: »Der größte Dichter bist Du, o großer Prophet von Mekka, und Dein Coran, obschon ich ihn nur durch die Boysensche Uebersetzung kenne, wird mir so leicht nicht aus dem Gedächtniß kommen!«

DER KORAN. Oder das Gesetz für die Moslemer [Muselmaenner] durch Muhammed den Sohn Abdall. Nebst einigen feyerlichen koranischen Gebeten, unmittelbar aus dem Arabischen übersetzt, mit Anmerkungen und einem Register versehen, und auf Verlangen herausgegeben von Friedrich Eberhard Boysen. Halle: Johannes Jacques Gebauer 1773, 696 Seiten (Format 24,5 x 18,0 cm), ledergebunden. (Zweite verbesserte Auflage 1775 mit 720 Seiten.)

16 Johann Christian Wilhelm Augusti (1788-1866)

wurde 1771 in der Nähe von Gotha geboren und nach einem Studium an der Universität von Jena im Jahr 1800 Professor für orientalische Sprachen. Acht Jahre später erlangte er einen zusätzlichen Doktortitel für Theologie. Seitdem konzentrierte er sich auf evangelische Theologie und erhielt in diesem Fach 1812 eine Professur in Breslau. Sieben Jahre später erhielt er einen Ruf an die neu gegründete Universität in Bonn und folgte diesem. Kurze Zeit später wurde er deren erster Rektor. Augusti starb im Alter von siebzig Jahren 1841 in Koblenz. Er gilt bis heute als ein gelehrter Theologe seiner Zeit.

Augustis Ziel war es ebenso, über die Lehren des Islam aufzuklären, deshalb setzte er sich an eine eigene Übersetzung des Koran. Nach seiner Ansicht waren die bislang vorgelegten deutschsprachigen Koran-Texte fehlerhaft. Seine Übersetzung übertrug der kaum Achtzehnjährige direkt aus dem Arabischen, allerdings nur mit einer subjektiven Auswahl von Suren. Er wollte der poetischen Besonderheit des Textes Rechnung tragen und teilte darum seine Übersetzung in einen metrischen und einen prosaischen Teil ein. Wenngleich seine Koran-Ausgabe eine bemerkenswerte Exaktheit in der Texttreue aufweist, so ist es doch nur eine Teilübersetzung. Ebenso enthalten in diesem Buch ist eine kurze, darum verkürzende Darstellung des Lebens des Propheten.

In der Koran-Forschung erzielte Johann Christian Wilhelm Augustis Koran-Buch keine starke Wirkung, was sich auch darin bemerkbar macht, dass die Ausgabe nie nachgedruckt wurde. Er benutzte für seine Arbeit neben dem arabischen Original ebenso die Ausgaben von Ludovico Marracci (1698), George Sale (1734) und Friedrich Eberhard Boysen (1773). Der Übersetzer wollte eben keine gelehrte Text-Übertragung liefern, sondern eher eine Art Koran-Lesebuch für die Freunde orientalischer Poesie. Darum sind seine An- und Bemerkungen eher als Erläuterungen zum Textverständnis zu verstehen denn als Problematisierungen des Koran-Textes. Zudem fehlen apologetische Interpretationen und eschatologische Kommentare. Augustis Koran-Ausgabe erschien 1789.

DER KLEINE KORAN. Oder Übersetzungen der wichtigsten und lehrreichsten Stücke des Koran's mit kurzen Anmerkungen. Weißenfels und Leipzig: Friedrich Severin und Compagnon 1798, 339 Seiten (Format 22,0 x 14,5 cm), gebunden.

II. Im Zeitalter der Romantik bis zur Epochenwende

Nach islamischer Zeitrechnung von 1222 bis 1322 AH

17 Joseph von Hammer-Purgstall
(1774–1856)

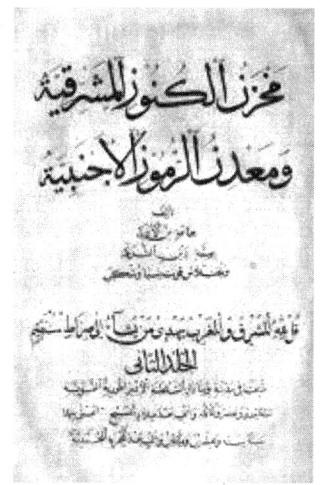

war österreichischer Diplomat und Orientalist, Übersetzer orientalischer Literatur sowie Begründer und Pionier der sogenannten Osmanistik und Orientalistik. Von 1811 bis zu seinem Tod lebte er in Wien und übersetzte zahlreiche Werke ins Deutsche, vor allem den »Divan« des persischen Dichters Muhammad Schams ad-Din – genannt Hafiz –, ein Werk, das 1812 erstmals erschien und das Goethe zu seinem »West-östlichen Divan« (1819) anregte. Joseph von Hammer-Purgstall fertigte eine Teilübersetzung des Koran an, die neben der Übertragung von Friedrich Rückert als bisher bester Versuch gilt, den Koran in ein poetisches Deutsch zu übertragen.

Seine Ausbildung erhielt der bedeutendste und einflussreichste Orientalist des 19. Jahrhunderts an der traditionsreichen Orientalischen Akademie in Wien von 1789 bis 1799. Nachdem von Hammer-Purgstall zwölf Jahre als Diplomat im Orient tätig war, widmete er sich seinem umfangreichen literarischen Werk und gab eine aufwändige Zeitschrift heraus, die sechsbändige »Fundgrube des Orients«. Im zweiten Band veröffentlichte er eine eigene Übersetzung der Suren 75 bis 114 und später mehr oder weniger vollständige weitere Suren, wie beispielsweise die Suren 1, 13, 14, 52, 55, 61, 69 und 70. Bereits zuvor waren Kostproben im »Neuen Teutschen Merkur« zu lesen gewesen. In einer Vorbemerkung betont Joseph von Hammer-Purgstall: »Der Koran ist nicht nur des Islams Gesetzbuch, sondern auch Meisterwerk arabischer Dichtkunst. Nur der höchste Zauber der Sprache konnte das Wort des Sohnes Abdallahs stempeln als Gottes Werk.« Weil die Übersetzungen verstreut erschienen, hatten sie nur geringe Wirkung auf die Forschung und die Nachwelt.

Es ist die Zeit, in welcher der Schweizer Johann Ludwig Burckhardt (1784–1817) verkleidet als Scheich Ibrahim als erster Europäer im Jahr 1814 die heiligen Stätten des Islam in Mekka und Medina sah. Burckhardt zitierte den Koran und die Scharia wie ein arabischer Gelehrter und konvertierte schließlich zum Islam. Für ihn sollte diese Pilgerreise wie ein Visum zum Eintritt in eine neue Welt werden, die einem Ungläubigen ja ansonsten verschlossen blieb, denn »Scheich Ibrahim« bekam Empfehlungsschreiben, die ihm Türen öffneten. Allerdings wurde man den Verdacht nicht los, dass dieser ungewöhnliche Reisende vielleicht doch ein Spion war. Daher sorgte man dafür, dass der Schweizer sich nicht nur der Gastfreundschaft, sondern auch einer guten Bewachung erfreuen konnte. 1830 erschien sein ungewöhnlicher Reisebericht unter dem Titel »Johann Ludwig Burckhardt's Reisen in Arabien, eine Beschreibung derjenigen Gebiete in Hedjaz enthaltend, welche die Muslime für heilig achten« als Buch.

Proben einer metrischen und gereimten Uebersetzung des Corans.
In: Der neue Teutsche Merkur 2 (1807) und in: Fundgruben des Orients 2 (1810).
Fortsetzung der Proben einer neuen Übersetzung des Coran.
In: Der neue Teutsche Merkur 3 (1808) und in: Fundgruben des Orients 3 (1811).

18 Samuel Friedrich Günther Wahl
(1760–1834)

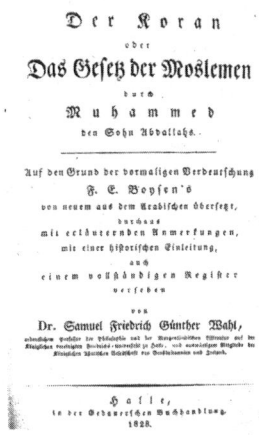

ist ein deutscher Orientalist. Er wurde 1760 in der Nähe von Erfurt geboren und studierte Theologie und orientalische Sprachen in Halle. 1784 wurde er zum Rektor am Gymnasium in Bückeburg ernannt. 1788 erhielt er eine außerordentliche Professur und war seit 1808 ordentlicher Professor für orientalische Sprachen an der Universität Halle. Er starb 1834 in Halle im Alter von vierundsiebzig Jahren.

Er veröffentlichte den »Versuch einer allgemeinen Geschichte der Literatur: zur Grundlage bei Vorlesungen, zum Schulgebrauch und zum Selbstunterricht« in zwei Bänden 1787 und 1788, die drei Auflagen erlebten. Außerdem publizierte er über morgenländische Sprachen und den Geist des Schachspiels. Wahl war Mitglied der Asiatischen Königlichen Gesellschaft von Großbritannien und Irland.

Im Vorwort seiner Koran-Ausgabe wendet sich Samuel Friedrich Günther Wahl gegen Friedrich Eberhard Boysens (1720–1800) Versuch einer Rettung des heiligen Textes und seines Propheten. In der zeittypischen Atmosphäre preußischer Restauration äußert sich Wahl in seiner kurzen Darstellung der Biografie Muhammads und in seinen Äußerungen zum Islam eher polemisch. Er beleidigt den Propheten als Heuchler und Lügner, als schlau und listig.

Samuel Friedrich Günther Wahls Übersetzung wurde bereits zu Lebzeiten scharf kritisiert. So nannte der Leipziger Arabist Heinrich Leberecht Fleischer (1801–1888), der noch heute als entscheidender Begründer der modernen Arabistik in Deutschland und als einer der bedeutendsten Orientalisten seiner Zeit gilt, diese Übersetzung »einen alten gemächlichen Hausrock, unter dem sich alles in breite Formlosigkeit verliert«. Vor allem kritisierte Fleischer, dass Wahl jene philologischen Fortschritte, die seit dem Wirken des französischen Orientalisten Silvestre de Sacy (1758–1838) gemacht wurden, schlichtweg ignorierte.

DER KORAN. Oder Das Gesetz der Moslemen durch Muhammad, den Sohn Abdallahs. Auf den Grund der vormaligen Verdeutschung F. E. Boysen's von neuem aus dem Arabischen übersetzt, durchaus mit erläuternden Anmerkungen, mit einer historischen Einleitung, auch einem vollständigen Register versehen von Samuel Friedrich Günther Wahl. Halle: Gebauer 1828, 783 Seiten (Format 22,5 x 13,5 cm), gebunden mit Halbledereinband.

19 Gustav Flügel (1802–1870)

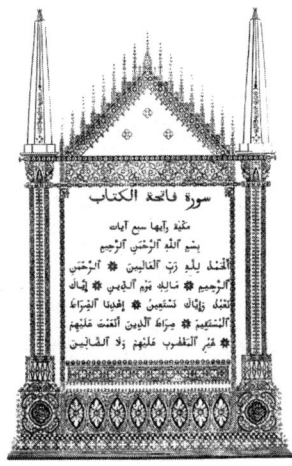

wurde 1802 in Bautzen geboren und studierte von 1821 bis 1824 Theologie, Philosophie und Orientalistik an der Universität Leipzig. Schon bald entdeckte er seine Leidenschaft für die orientalischen Sprachen, die er in Wien und Paris studierte. In Paris wurde er Schüler des in dieser Zeit bedeutenden französischen Orientalisten Silvestre de Sacy (1758–1838), des eigentlichen Begründers der modernen Arabistik. An der Fürstenschule St. Afra in Meißen lehrte und forschte Gustav Flügel in den Jahren von 1832 bis 1850, dann musste er diese Tätigkeit aus gesundheitlichen Gründen einstellen. Danach arbeitete der Achtundvierzigjährige als Privatgelehrter. Er gab wichtige arabische Texte heraus, beschrieb die orientalischen Handschriften und katalogisierte die arabischen, türkischen und persischen Manuskripte in der Fürstenbibliothek zu Wien. 1870 starb Gustav Flügel in Dresden.

Gustav Flügels Hauptwerk war die Übersetzung des mehrbändigen bibliografischen und enzyklopädischen Lexikons von Mustafa Ibn Abdallah Hadji Khalfa (1600–1658), das von 1835 bis 1858 erschien, und sein von ihm verfasstes Buch über »Die grammatischen Schulen der Araber« von 1862. Seine neue Übersetzung des arabischen Koran-Textes begründete er damit, dass die Texte jener drei maßgeblichen Buchausgaben – von Abraham Hinckelmann (1694), Ludovico Marracci (1698) und der sogenannte St. Petersburger Koran (1787) – nicht durchgehend zuverlässig und darüber hinaus nur schwer erhältlich seien.

Als Basistext für seine Ausgabe wählte Gustav Flügel einige Handschriften des Koran aus der Dresdner Hofbibliothek und zog weitere arabische Koran-Kommentare hinzu, vor allem den »At Tafsîr« des bekannten und immer noch viel zitierten Koran-Kommentators Abu Nasr al-Baydâwî (gest. um 1290). Mit dieser neuen Übersetzung stand der europäischen Wissenschaft erstmals ein zuverlässiger

Text zur Verfügung. Auf Flügels Ausgabe beruhten in der Folgezeit nahezu alle Koran-Übersetzungen in europäische Sprachen.

Gustav Flügel folgt in seiner Ausgabe nicht einer bestimmten Lesetradition sondern bot einen Mischtext an, wie es viele Handschriften tun. Bei der Verszählung folgt er Abraham Hinckelmann. Sie weicht damit von der sogenannten kufischen Verszählung ab, wie sie heute überwiegend in der islamischen Welt spätestens durch den Azhar-Koran verbreitet ist. Der Text wurde im Stereotypdruckverfahren produziert und enthält eigens angefertigte arabische Typen, die Joseph von Hammer-Purgstall (1774–1856) zur Verfügung stellte. Nur drei Jahre nach seinem Erscheinen 1834 erlebte Flügels Koran-Text ein Plagiat: Gustav Moritz Redslob (1804–1882) ließ denselben Text im gleichen Verlag drucken, nur mit dem Unterschied, dass er die Abteilung der Verse nicht durch Ziffern, sondern durch Asterisken markierte. Flügels Protest verhallte, und er gab nur noch eine bis heute nützliche Konkordanz heraus.

CORANI TEXTUS ARABICUS. Ad fidem librorum manuscriptorum et impressorum et ad praecipuorum interpretum lectiones et auctoritatem. Recensuit indiscesque triginta sectionum et suratarum addidit Gustavus Fluegel. Leipzig: Carolus Tauchnitz 1834, 340 Seiten (Format 26,0 x 20,0 cm), gebunden.

CONCORDANTIAE CORANI ARABICAE. Leipzig: Carolus Tauchnitz 1842, 219 Seiten (Format 21,0 x 13,0 cm), gebunden.

CORANUS ARABICE. Recensionis Fluegelianae textum recognitum iterum expremi curavit. Gustavus Mauritius Redslob. Leipzig: Carolus Tauchnitz 1837, 530 Seiten (Format 21,0 x 13,0 cm), gebunden.

20 Lion Baruch Ullmann (1804–1843)

Eine weitere Koran-Übersetzung stellt die Ausgabe von Lion Baruch Ullmann dar, einem jüdischen Gelehrten, über den wenige Informationen vorliegen. Ullmann übersetzte in der Zeit vor 1840 den Koran ins Deutsche. In dieser Zeit erlangte auch Johann Adam Möller (1796–1838) mit seinen Arbeiten über das Verhältnis des Islam zum Christentum einige Berühmtheit. Die wörtliche Übersetzung von Ullmann erfuhr bis heute immer wieder Neufassungen und Kommentierungen. Neu bearbeitet wurde die Übersetzung von Leo Winter in den 1950er-Jahren und ist heute noch erhältlich.

In der Kurzbeschreibung des Verlags stand missverständlich: »Der Koran ist das oft zu lesende Buch und ist die Heilige Schrift der Mohammedaner (sic!) und bedeutet für die islamische Welt so viel wie das Alte Testament für die Juden oder das Neue für die Christen (sic!). Die einzelnen Teile des Koran wurden von Mohammed (570–632 u. Z.) in den Jahren 610 bis 632 in arabischer Sprache verkündigt, nicht als sein Wort, sondern als die ihm von Fall zu Fall zuteil gewordenen Offenbarungen von Allah, des alleinigen, einzigen Gottes seit Ewigkeit, des Welterschaffers und Herrn aller Weltenbewohner, der keinen Sohn und Helfer besitzt und benötigt. Der Inhalt dieser religiösen Reden des Propheten ist vielfältig: Neben Gebeten und Predigten stehen allgemeine Rechtsvorschriften und Grundsätze der Glaubens- und Sittenlehre. Unverkennbar ist der jüdische und christliche Einfluss auf Sprache und Inhalt des Koran. Seine endgültige Gestalt erhielt er unter dem dritten Kalifen Uthman ibn Affan um 653: Damals wurden die Verkündigungen Mohammeds in 114 Suren gesammelt. Die im Koran gepredigte Lehre heißt Islam und sie verbreitete sich nach Muhammads Tod bis zum heutigen Tag über weite Teile der Erde, früher in Kriegen, heute in friedlicher Mission. So hat der Koran das religiöse Antlitz der Welt entscheidend mitgeprägt.«

Lion Baruch Ullmanns Übertragung wird immer wieder mit dem Koran-Text von Max Henning verglichen. Beide Fassungen gelten als objektiv und auch für den Laien gut lesbar; sie sind als Taschenbuchausgaben kostengünstig erwerbbar und sie sind vermutlich die am weitesten verbreiteten Koran-Übersetzungen im deutschsprachigen Raum. Dennoch wurde die Ullmann-Bearbeitung von der Fachwelt eher kritisch betrachtet. 1999 war der Text auch als Lizenzausgabe im Orbis-Verlag erhältlich, das heißt im preisgünstigen Buchsegment. Auf dem Titelblatt dieser Ausgabe steht statt Lion Baruch Ullmann neuerdings und unbegründet Ludwig Ullmann. Die Ausgabe des Verlags Voltmedia macht 2005 aus dem Übersetzer sogar L. Assmann, da der zuständige Lektor die Fraktur falsch las.

Es soll an dieser Stelle nicht unerwähnt bleiben, dass 1857 eine hebräische Koran-Ausgabe in Deutschland erschien. Die von Hermann Reckendorf (1825–1875) besorgte Übersetzung steht in einem gewissen zeitlichen, aber auch philologischen Kontext mit der Übertragung von Lion Baruch Ullmann (1804–1843).

Unter der Namensbezeichnung Siegfried Yamini – eigentlich Siegfried Schulz – erschien 2001 im Verlag Jajarmi Publications in Teheran eine überarbeitete Ausgabe der Übersetzung von Lion Baruch Ullmann mit einem Umfang von 773 Seiten.

DER KORAN. Aus dem Arabischen wortgetreu neu übersetzt und mit erläuternden Anmerkungen versehen von Lion Baruch Ullmann. Crefeld: H. J. Funcke 1840, 563 Seiten (Format 18,0 x 12,5 cm), leinengebunden.

DER KORAN. Bielefeld und Leipzig, Verlag von Velhagen und Klasing 1844, 550 Seiten.(Format 16,0 x 10,5 cm), leinengebunden. (Erneute Neuauflage 1897.)

DER KORAN. Das heilige Buch des Islam. Nach der Übertragung von [Lion Baruch] Ludwig Ullmann neu bearbeitet und erläutert von Leo W. Winter. München: Goldmann 1959, 506 Seiten (Format 19,0 x 12,0 cm), gebunden. ISBN 3-442-39001-X.
heute als: DER KORAN. Das heilige Buch des Islam. Nach der Übertragung von Ludwig Ullmann neu bearbeitet und erläutert von Leo W. Winter. München: Goldmann 2007, 512 Seiten

(Format 18,0 x 12,5 cm), broschiert (Goldmann Taschenbuch Nummer 21846). ISBN 978-3-442-21846-2.

siehe auch: KORAN. Aus dem Arabischen ins Hebräische übersetzt und erläutert von Hermann Reckendorf. Leipzig: In Kommission bei Wolfgang Gerhard 1857 (Druck durch C. W. Vollrath). 370 Seiten (Format 33,0 x 24,0 cm), gebunden.

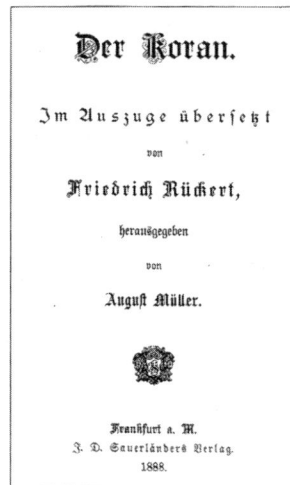

21 Friedrich Rückert (1788–1866)

wurde 1788 in Schweinfurt geboren. Er studierte von 1805 bis 1809 in Würzburg und Heidelberg und promovierte 1811 im Fach Philologie an der Universität Jena mit nur dreiundzwanzig Jahren. Nach neun Jahren Wanderleben ließ er sich als Privatgelehrter in Coburg nieder. Seine mit Mühe und Not angenommene Habilitationsschrift bestand aus der Übersetzung der »Makamen des Hariri«. Von 1826 bis 1841 lehrte er als Professor für Orientalische Sprachen in Erlangen. Nach einem Ruf an die Berliner Universität wurde Friedrich Rückert 1848 emeritiert. Zuletzt lebte er in der Nähe von Coburg, wo er 1866 mit siebenundsiebzig Jahren verstarb. Schon früh wurde der Autor bekannt mit seinen »Geharnischten Sonetten in vier Abteilungen« (1814), die er unter dem Pseudonym Freimund Raimar gegen die napoleonische Besatzung schrieb.

Friedrich Rückert war ein deutscher Dichter und Übersetzer, außerdem ein Mitbegründer der Orientalistik. Er übersetzte zahlreiche bedeutende Werke aus orientalischen Sprachen, vor allem aus dem Arabischen, Persischen und dem Sanskrit, beispielsweise die Texte der »Hamâsa oder die ältesten arabischen Volkslieder« (1846–1847). Die Hamâsa, die älteste Anthologie arabischer Dichtung, wurde nach ihrem ersten Kapitel »Hamâsa« (Begeisterung) benannt. Sie wurde bald so berühmt, dass ihr Titel zum Inbegriff einer Anthologie schlechthin wurde. Abu Temmâm, ein gefeierter Dichter des 9. Jahrhunderts, bot in seiner Sammlung einen umfassenden Einblick in die arabische Dichtung vom beginnenden 6. bis ins ausgehende 8. Jahrhundert. Friedrich Rückerts meisterhafte Übertragung enthält nicht nur die über 870 Gedichte dieser Anthologie, sondern darüber hinaus auch solche, die er eigenen Sammlungen altarabischer Poesie entnommen hat. Seine poetische Übersetzung trifft Ton und Geist der arabischen Poesie so genau, wie es keinem anderen Übersetzer je gelungen ist. Vielfach hat er Versmaß und Reimform des Originals beibehalten. Dadurch und mit seinen Anmerkungen vermittelt Rückert dem Leser die Welt der arabischen Stammeskrieger und ihre Wertvorstellungen in einmaliger Weise.

Rückert behauptete bereits in seiner Dissertation, dass der deutschen Sprache die besondere Fähigkeit zukomme, fremde Idiome in sich aufzunehmen und im Wesen gerecht wiederzugeben. Die deutsche Sprache sei demnach der ideale Träger einer Weltliteratur. Damit steht Rückert der Goethe'schen Forderung von 1827 nach einer Weltliteratur in nichts nach. Heute ließe sich nicht nur deshalb attestieren, dass auf Johann Wolfgang von Goethe (1749–1832) insbesondere Friedrich Rückert (1788–1866) folgte. Heinrich Heine (1797–1856) ließe sich hier kaum als Gegenfigur inthronisieren.

Von 1818 bis 1819 hielt sich Friedrich Rückert in Wien auf, wo er bei Joseph von Hammer-Purgstall (1774–1856) die persische Sprache lernte. Später bildete Rückert als anerkannter Orientalist selbst renommierte Schüler aus. Von 1820 bis 1826 beschäftigte er sich unter anderem mit seiner Teil-Übersetzung des Koran. Im Winter 1822/23 rezipierte Rückert die Koran-Ausgabe von Marracci (1698), bis er sich 1836 mit der von Flügel (1834) beschäftigte. Vor allem benutzte er für seine Übertragung die Ausgabe des sogenannten St. Petersburger Koran (1790), des ersten authentischen muslimischen Koran-Drucks überhaupt. Dem versierten Orientalisten und Lyriker gelang es in seiner Koran-Übertragung auf einzigartige Weise, den Klang und die Rhythmik des arabischen Originals darzustellen. Er benutzt hierbei einen starken Rhythmus, vernachlässigt gelegentlich den Reim und nähert sich in Laut und Stil dem Original. Allerdings lässt er ganze Surengruppen weg und ordnet einige Versgruppen neu an. Kommentare finden sich nur zu den Suren 2, 8 und 9. Diese Koran-Übertragung ist ein Fragment.

Seit seiner Professur 1826 stand er in Kontakt zu August Wilhelm Schlegel (1767–1845) und August von Platen-Hallermünde (1796–1835), der wie Friedrich Rückert selbst den persischen Dichter Hafiz (1320–1389) übersetzt hatte, außerdem zu Clemens von Brentano (1778–1842), Friedrich Wilhelm Joseph Schelling (1775–1854) und weiteren.

Nachdem sein Sohn und seine Tochter 1833 und 1834 an Scharlach verstarben, verfasste Friedrich Rückert die populären »Kindertotenlieder«, einen Corpus von mehr als vierhundert Gedichten von denen Gustav Mahler 1901 und 1904 fünf vertonte. Dessen Tochter starb 1907 ebenso an Scharlach. Von 1836 bis 1838 folgte das umfangreiche Lehrgedicht »Die Weisheit des Brahmanen« mit seinen über dreihundert brahmanischen, das heißt hinduistischen Erzählungen. Hier folgt Friedrich Rückert der Idee von Johann Gottfried Herders (1744–1803) stilistisch reifer Schrift mit seinen »Gedanken einiger Brahmanen« (1792) und der sprach- und gesellschaftstheoretischen Monografie von Friedrich Schlegel (1772–1829) »Über die Sprache und Weisheit der Inder« (1808).

Erst anlässlich des einhundertsten Geburtstages von Friedrich Rückert im Jahre 1888 gab der Königsberger Orientalist August Müller (1848–1892) – der unter dem bis heute nicht bestätigten Verdacht stand, unter dem Pseudonym Max Henning den Koran selbst neu übersetzt zu haben – den Text aus dessen Nachlass heraus. Trotz einiger editorischer Mängel fand Rückerts Koran-Übersetzung ein positives Echo in der gebildeten Leserschaft ebenso wie in der Fachwelt. Bemerkenswert ist die Tatsache, dass insbesondere von islamischer Seite die Bedeutung von Rückerts Übersetzung hervorgehoben wird.

Wolfdietrich Fischer und Hartmut Bobzin, die sich – in Fortführung einer Erlanger Tradition – schon lange der Pflege des Rückert'schen Nachlasses und der Wiederbekanntmachung seines Werkes als ganzem widmen, haben mit der Veröffentlichung des Koran das vielleicht bedeutsamste orientalische Werk des Dichters mit seinen Anmerkungen wissenschaftlich neu vorgelegt. Da die Originalausgabe seit Langem vergriffen war, wurde damit ein weithin anerkanntes Meisterwerk der deutschen Literatur wieder zugänglich gemacht. Der Text folgt dem im Schweinfurter Stadtarchiv aufbewahrten Manuskript, das von Friedrich Rückert selber als Druckvorlage vorgesehen war.

Dieser Text wird zusammen mit Rückerts eigenen, insgesamt eher sparsamen Anmerkungen im Hauptteil geboten. Im Anhang folgen einige Anmerkungen der Herausgeber zum Verständnis des Textes, die vor allem Sacherklärungen und die Erläuterung ungebräuchlicher Wörter und Begriffe umfassen. Eine Einleitung gibt Auskunft zum einen über die Bedeutung des Koran in der islamischen Welt, zum anderen über die Genese von Rückerts Übersetzung und über den Rang seiner Arbeit im Vergleich zu anderen europäischen Übersetzungen.

DER KORAN. Im Auszuge übersetzt von Friedrich Rückert. Herausgegeben von August Müller. Frankfurt am Main: Johann David Sauerländer 1888, 564 Seiten (Format 22,0 x 15,0 cm), gebunden.

DER KORAN. In der Übersetzung von Friedrich Rückert. Herausgegeben von Hartmut Bobzin und mit erklärenden Anmerkungen von Wolfdietrich Fischer. Würzburg: Ergon 1996, 573 Seiten (Format 21,0 x 14,5 cm), gebunden. (Vierte unveränderte Auflage 2002.) ISBN 978-3-933563-70-5.

HAMÂSA ODER DIE ÄLTESTEN ARABISCHEN VOLKSLIEDER. Friedrich Rückert – Schweinfurter Edition. Gesammelt von Abu Temmâm. Bearbeitet von Wolfdietrich Fischer. Göttingen: Wallstein 2004, 1170 Seiten (zwei Bände), gebunden. ISBN 978-389244789-4.

DIE WEISHEIT DES BRAHMANEN. Ein Lehrgedicht in Bruchstücken. Friedrich Rückert: Historisch-kritische Ausgabe. Schweinfurter Edition. Bearbeitet und herausgegeben von Hans Wollschläger und Rudolf Kreutner. Göttingen: Wallstein 1998, 1115 Seiten (zwei Bände), gebunden. ISBN 978-389244091-8.

ST. PETERSBURGER KORAN. Al-Qur'ân. St. Petersburg (ohne Ortsangabe): 1790 (ohne Jahr), 484 Seiten (Format 32,0 x 19,5 cm), gebunden.

22 Martin Klamroth (1855–1890)

wurde in Fiddichow an der Oder geboren und studierte Theologie und orientalische Sprachen. 1878 promovierte er an der Universität Göttingen über den syrischen Gelehrten Gregorius Bar-Hebraeus (1226–1286) und dessen Anmerkungen zur Apostelgeschichte. Von 1881 bis zu seinem Tod arbeitete Klamroth als Lehrer am Wilhelm-Gymnasium in Hamburg. Er war auch lutherischer Missionar (Missionssuperintendent) in Daressalam in Deutsch-Ostafrika.

Zwei Jahre nach der posthumen Herausgabe von Friedrich Rückerts Übersetzung des Koran in Reimform erschien 1890 Martin Klamroths Arbeit »Die fünfzig ältesten Suren des Korans in gereimter deutscher Übersetzung«. Diese Ausgabe ist also nicht vollständig, denn die Intention des Autors war es nicht, (wie Rückert) den Koran durch eine kunstvolle Übersetzung zu einem Teil deutscher Literatur machen zu wollen, sondern einen authentischen Einblick in die früheste Entstehungszeit des Islam zu geben.

Die von ihm gewählte Reihenfolge der fünfzig Suren entspricht nicht immer den Vorschlägen von Theodor Nöldeke (1836–1930) aus dessen »Geschichte des Qorâns« (1860). Allerdings stellt Martin Klamroth jeder Suren-Übertragung philologisch-historische Introduktionen voran, die in der Regel den Interpretationen der islamischen Tradition folgen. Nach dessen Ansicht spiegelt sich im Koran-Text die Biografie des Propheten Muhammad. Im Anhang zu seiner Übertragung wird der Inhalt der nicht übersetzten (mekkanischen) Suren dargestellt, und in einem Register werden alle vorkommenden Personen aufgelistet.

Bereits 1885 hatte er das Buch »Der Auszug aus den Evangelien bei dem arabischen Historiker Ya'qûbî« ins Deutsche übertragen und 1881 »Über den arabischen Euklid« geschrieben. Martin Klamroth interessierte sich für die Spuren griechischer (antiker) Wissenschaften im Islam, darunter beispielsweise der Einfluss von Hippokrates und Claudius Ptolemaios auf den Geografen Ahmad al-Ya'qûbî (823–897).

DIE FÜNFZIG ÄLTESTEN SUREN DES KORANS in gereimter deutscher
 Übersetzung. Hamburg: Carl Herold 1890, 128 Seiten
 (Format 24,0 x 16,0 cm), gebunden.

23 Bernhard Spieß (1845–1906)

wurde 1845 in Fleisbach im Dillkreis geboren, war promovierter Gymnasiallehrer und später sowohl Dekan als auch Pfarrer in Sulzbach. Als Theologe verfasste er eine »Einführung in den Koran« (1871) und ist zudem Autor einer »Prädestinationslehre des Koran« (1873). Er war der Vater der in ihrer Zeit regionalpopulären Schriftstellerin Mathilde Ludendorff (1882–1966) und starb 1906 in Wiesbaden. 1894 erschien seine unvollständige Koran-Übersetzung, die je nach behandeltem Thema eine Auswahl traf und unvollständig über das Leben des Propheten berichtete. Diese Ausgabe erlebte bis heute keine Neuausgabe, wohl weil sie auch zu Lebzeiten keinen Erfolg hatte.

AL KORAN. Leben und Lehre des Propheten. Berlin: Verlag des Bibliographischen Bureaus 1894, 118 Seiten (Format 32,0 x 24,5 cm). (Erschienen in der Buchreihe »Religiöse Volksbibliothek«.)

24 Theodor Friedrich Grigull
(1850–1915)

Grigulls Übersetzung erschien im selben Jahr wie die Koran-Übertragung von Max Henning, nämlich 1901. Leider enthält die Erstausgabe keine Nummerierung der Verse, diese wurden in späteren Auflagen erst nachträglich hinzugefügt. Das amerikanische Paragrafenzeichen steht vor den Offenbarungseinheiten, wie sie Abdullah Yusuf Ali (1872–1953) in seiner englischen Koran-Übersetzung von 1938 eingeführt hat. Da man diese Unterteilung seinerzeit für sinnvoll hielt, wurden sie in der deutschen Übersetzung ebenso verwendet. Leider konnte man nicht herausfinden, worauf sich Abdullah Yusuf Ali tatsächlich stützte. Allein dieser Umstand mag darauf verweisen, dass die Grigull-Übersetzung unglücklich zu nennen ist.

In seinem Vorwort schreibt Theodor Friedrich Grigull in umständlichem und missverständlichem Tonfall: »In Mohammed trat eine Persönlichkeit auf, die nicht allein auf das arabische Volk, sondern auf die ganze damalige Welt einen fundamentalen Einfluss ausübte. So hat er eine welthistorische Bedeutung erlangt, wenngleich ihm, wenn man seine Persönlichkeit absolut betrachtet, diese Bedeutung andererseits abgesprochen werden muss. Für uns, die wir an ihm und dem Islam verfolgen können wie Religion gemacht wird, für uns liegt es zu nahe, in Mohammed einen Betrüger zu sehen, der auf die Dummheit seiner Mitmenschen baut. Dieses Urteil ist aber durch und durch ungerecht.« Später aber schreibt Grigull herabwürdigend: »Allerdings hält Mohammed keinen Vergleich mit Religionsstiftern wie Christus und Buddha aus.«

Grundlage für Grigulls Übertragung des Koran-Textes ist die Ausgabe von Gustav Flügel (1834). Sie bietet weder einen wissenschaftlichen noch einen philologischen Fortschritt. Grigull gibt den Namen der einzelnen Suren an, aber nicht deren Verszählung. Allerdings notiert er den Ort der Entstehung und die Zahl der Verse. Über dreihundertundfünfzig Anmerkungen verweisen auf weitere Kommentare und Interpretationen Grigulls.

DER KORAN. Aus dem Arabischen für die »Bibliothek der Gesamt-Literatur« neu übersetzt von Theodor Friedrich Grigull. Mit Vorbemerkung und Index nebst dem Faksimile einer Koranhandschrift. Halle an der Saale: Verlag Otto Hendel 1901, 512 Seiten (Format 24,5 x 19,0 cm), gebunden. (Zweite Auflage 1924 und dritte Auflage 1950, vierte Auflage 2010.) ISBN 978-11-72600-19-9.

25 Max Henning (1861–1927)

war ein deutscher Arabist und vor allem ein Autodidakt, der an keiner Universität studierte. Henning wurde 1861 in Ruda in Posen geboren, lebte lange Zeit in Frankfurt am Main und starb 1927 in Neuhaldensleben. Gerüchten zufolge war er Freidenker und Freimaurer. Intention seiner gelungenen Koran-Ausgabe war es vor allem, das Verständnis für den Islam zu fördern. Darum schreibt er in seinem Vorwort: »Was sich einst fremd und feindlich gegenüber stand, sucht heute sich zu verstehen und miteinander in Interessengemeinschaft zu treten.« Seine Übersetzung ist nahe am Originaltext und enthält nur knappe Anmerkungen. Er nummeriert die Verse nach der seinerzeit üblichen Zählweise der Koran-Ausgabe von Gustav Flügel (1834). Allerdings gibt Henning bereits die bahnbrechende chronologische Ordnung der Suren nach Theodor Nöldeke (1860) an.

Max Henning übersetzte den Koran sowie zahlreiche, wenngleich nicht alle Erzählungen aus der Sammlung »Tausendundeine Nacht« und publizierte diese in immerhin vierundzwanzig Teilbänden (1895–1897). Auch war er Herausgeber der Frankfurter Zeitschrift »Das freie Wort«, die sich unter anderem gegen die Nationalsozialisten engagierte. Hier erschienen 1901 erste Proben seiner Koran-Übersetzung, und hier veröffentlichten unter seiner Herausgeberschaft Autoren wie Albert Einstein, Heinrich Mann und Thomas Mann. Max Hennings gesammelte Aufsätze erschienen 1916 unter dem Titel »Eine Akademie des freien Gedankens«.

Max Hennings Übersetzung des Koran fand durch die Aufnahme in Reclams Universal-Bibliothek eine enorme Verbreitung. Bis zur Mitte des 20. Jahrhunderts galt sie als genaueste verfügbare deutsche Übersetzung, die ebenso von führenden islamischen Gelehrten als die zu ihrer Zeit beste Übertragung in die deutsche Sprache angesehen wurde. Hennings Text wurde mehrfach bearbeitet und neu aufgelegt, so von Annemarie Schimmel (1960), Kurt Rudolph (1968), Hanspeter Achmed Schmiede (1991) und Murad Wilfried Hofmann (1998). Inzwischen aber liegen genauere Übertragungen vor, denn philologisch gesehen enthält die Übersetzung schwerwiegende Fehler, ist sprachlich ungenau und unzuverlässig. Ihren Erfolg verdankt sie aber der relativ leichten Lesbarkeit.

Um die Autorschaft der Übersetzung gab es lange Zeit Diskussionen, denn es wurde vermutet, Max Henning sei ein Pseudonym des deutschen Orientalisten August Müller (1848–1892), der 1888 die Koran-Übersetzung von Friedrich Rückert (1788–1866) herausgegeben hatte. Dieser Umstand und Müllers Spezialkenntnisse ließen den Verdacht entstehen; ein Beweis dafür fehlt bis heute. Selbst im Vorwort der von Annemarie Schimmel herausgegebenen und zuletzt 1991 revidierten Ausgabe des Reclam Verlags wird die Identität Max Hennings immer noch als nicht vollständig geklärt bezeichnet. Im Übrigen erschien Max Hennings Koran-Übersetzung erstmals 1901, damit also neun Jahre nach dem Tod Müllers, zudem hat Henning auch nach Müllers Tod weitere Werke publiziert.

DER KORAN. Aus dem Arabischen übertragen und mit einer Einleitung versehen von Max Henning. Leipzig: Philipp Reclam Junior 1901, 611 Seiten (Format 15,5 x 9,5 cm), broschiert.

DER KORAN. Aus dem Arabischen übertragen von Max Henning. Mit einer Einleitung und Anmerkungen von Annemarie Schimmel. Stuttgart: Reclam 1960. Durchgesehene und verbesserte Auflage 1991, 631 Seiten (Format 16,0 x 10,0 cm), leinengebunden. ISBN 978-3-15-054206-4.

Taschenbuchausgabe: Stuttgart: Reclam 2008, 631 Seiten (Format 15,5 x 9,5 cm), Broschur. ISBN 978-3-15-004206-9. (Reclams Universal Bibliothek 4206.)

Auch als deutschsprachige Ausgabe im Ausland erschienen in Istanbul: Cagri Yayinlari 1998.

26 Erich Bischoff (1865–1936)

ist Autor eines Werkes über die Kabbala, ebenso beschäftigte er sich mit Talmud und Midrasch. Auch das Thema »Blut und Eros im jüdischen Schrifttum« interessierte ihn. 1913 veröffentlichte er ein weiteres Buch über »Die Elemente der Kabbalah«, erschienen in der Reihe »Geheime Wissenschaften« im Verlag Barsdorf in Berlin, nachdem er neun Jahre zuvor seine Koran-Übersetzung vorgelegt hatte.

Bischoff war zu Lebzeiten ein berühmter Autor. Seine Bücher werden gelegentlich noch aufgelegt. Er war ein vielseitiger Autor und schrieb zudem über Alchemie. Berühmt geworden ist sein kurios anmutendes Buch »Sieg der Alchymie«, das im Untertitel versprach, das wiederentdeckte Geheimnis, aus unedlen Metallen echtes Gold zu machen, darlegen zu können. Dieses Buch schrieb er kurz nach der Entdeckung der Radioaktivität. Bischoff beschäftigte sich zudem mit Numerologie und Zahlenmystik. 1920 erschien sein Werk »Die Mystik und Magie der Zahlen (arithmetische Kabbalah)«.

DER KORAN. Übersetzt von Erich Bischoff. Mit zehn Abbildungen.
Leipzig: Grieben 1904, 125 Seiten. (Format 19,5 x 14,5 cm) Broschur oder gebunden in Halbleinen. (Morgenländische Bücherei Band IV.)
Zweite unveränderte Auflage im Engel Verlag in Leipzig 1909.

III. Vom Ersten Weltkrieg bis zum Zeitalter der Säkularisierung

Nach islamischer Zeitrechnung von 1333 bis 1388 AH

27 Ernst Harder (1854–1927)

wurde 1854 im preußischen Königsberg geboren und galt als wichtiger Führer der Mennoniten, die sich nach ihrem Gründer Menno Simons selbst so bezeichnen. Er studierte Geschichte und moderne Sprachen, promovierte anschließende und war zeitweilig Angestellter in der Britischen Botschaft in Lissabon. Danach arbeitete er als Editor und Redakteur der Berliner »Täglichen Rundschau« und als Lehrer für Spanisch und Portugiesisch in Berlin. Außerdem war Ernst Harder einer der Gründer der Berliner Glaubensgemeinde der Mennonitischen Kirche und engagierte sich dort von 1904 bis zu seinem Tod.

Sein Schwager Martin Hartmann (1851-1918), der bei Heinrich Leberecht Fleischer (1801–1888) in Leipzig Orientalistik studiert hatte und sich später nachdrücklich für die Anerkennung der Islamkunde als einer selbständigen Disziplin einsetzte, inspirierte Ernst Harder dazu, Arabisch zu studieren. Harder ist Autor einer vielbenutzten arabischen Konversationsgrammatik mit dem Titel »Kleine Arabische Sprachlehre« (1926), die später erneut aufgelegt wurde (1953), und Übersetzer der »Märchen aus Tausendundeiner Nacht« sowie des Koran-Textes (1915). Er starb 1927 in Berlin-Charlottenburg.

DER KORAN. Übersetzt von Ernst Harder. Leipzig: Insel 1915, 77 Seiten (Format 18,0 x 12,0 cm), Broschur.

28 Lazarus Goldschmidt
(1871–1950),

eigentlich Elieser bar Gabriel, gilt als bedeutender Orientalist und Gelehrter des Judentums. Er absolvierte die Talmudschule im litauischen Kaunas und studierte ab 1890 an der Berliner Universität Orientalistik. Nach dem Wechsel an die Universität Straßburg spezialisierte er sich auf das Gebiet der äthiopischen Sprache und Literatur. Nach seinem Studium ließ er sich in Berlin als Privatgelehrter nieder und beschäftigte sich intensiv mit den semitischen Sprachen und deren Literaturen.

In dieser Zeit entstanden seine noch heute gültigen Übersetzungen. 1916 erschien seine Übertragung des Koran und von 1897 bis 1909 in acht Bänden und von 1929 bis 1936 in zwölf Bänden (unzensiert) im Jüdischen Verlag in Berlin die bis heute maßgebliche deutsche Fassung des Babylonischen Talmud, die in dieser Gestalt zuletzt 2007 im Jüdischen Verlag in Frankfurt am Main erschien. 1933 floh Goldschmidt vor den Nationalsozialisten nach London und überließ seinen umfangreichen Buchbestand der Königlichen Bibliothek in Kopenhagen. Er wurde britischer Staatsbürger und starb im Alter von neunundsiebzig Jahren am 18. April 1950 in London.

Seine vor allem im Billigbuchsegment immer wieder aufgelegte Übersetzung von 1916 gilt als wenig hilfreich und sollte für ein Textstudium eher nicht verwendet werden. Rudi Paret urteilte, dass die Übersetzung »zu wenig auf eine philologisch genaue Interpretation des Textes eingestellt« sei. Lazarus Goldschmidt folgt der Verszählung von Gustav Flügel, kommentiert nur knapp und unregelmäßig, und seine Übersetzung ist ebenso wortarm im Ausdruck.

EL KORAN DAS HEISST DIE LESUNG. Die Offenbarungen des Mohammed
 ibn Abdallah des Propheten Gottes. Zur Schrift gebracht durch
 Abdelkaaba Abdallah Abu-Bakr. Übertragen durch Lazarus
 Goldschmidt [im Jahre der Flucht 1334 oder 1916 der Fleisch-

werdung]. Berlin: Brandus'sche Verlagsbuchhandlung 1916, 650 Seiten (18,0 x 11,5 cm), Halbleder- und Dünndruckausgabe. (= Die Bibeln der Völker.) Neuauflage im Verlag Julius Kittls Nachfolger in Leipzig/Ostrau 1930 (Format 21,0 x 15,5 cm), leinengebunden.
Sonderausgaben: Wiesbaden: Fourier 1993 und 1995, 787 Seiten. ISBN 978-3-9250-3767-2.
Augsburg: Bechtermünz 1997, 650 Seiten. ISBN 978-3-8604-7455-6.
Frechen: Komet 2000, 636 Seiten. ISBN 978-3-9333-6664-1.
Neu-Isenburg: Melzer 2005, 543 Seiten. ISBN 978-393738-967-7.

29 Hubert Grimme (1864–1942)

wurde 1864 in Paderborn geboren und studierte klassische und deutsche Philologie und Orientalistik in Münster und Berlin. Er war damit Semitist und Orientalist, der bis zu seiner Emeritierung 1929 an den Universitäten Fribourg (1889–1910) und Münster (1910–1929) lehrte. Grimme wurde 1886 beim Berliner Arabisten Eduard Sachau promoviert und trat insbesondere als Koran- und Bibelforscher hervor. 1887 absolvierte er das Lehramtsexamen für Deutsch und Latein und arbeitete als Probekandidat am Gymnasium zu Lippstadt. Sein Ziel blieb jedoch eine akademische Karriere. Bereits 1889 habilitierte er sich an der Universität Fribourg für das Fach Orientalistik und wurde 1892 zum ordentlichen Professor ernannt. Nachdem er im akademischen Jahr 1909/1910 das Rektorat der Universität bekleidet hatte, wechselte er 1910 an die Universität Münster, wo er den neu eingerichteten Lehrstuhl für Orientalistik übernahm. 1911 eröffnete er das Orientalische Seminar an der Universität, das er bis zu seiner Emeritierung (1929) leitete. Während des Ersten Weltkrieges diente Grimme als Dolmetscher für arabische Gefangene. Er starb 1942. In der »Zeitschrift der Deutschen Morgenländischen Gesellschaft« (Band 96 von 1942, S. 381–392) wurde ihm zu Ehren ein Porträt veröffentlicht und sein Schriftenverzeichnis publiziert.

Als Forscher beschäftigte er sich hauptsächlich mit der orientalischen Sprach-, Kultur- und Religionswissenschaft. Sein erstes größeres Werk über den Propheten Muhammad und die Theologie des Koran (zwei Bände 1892 und 1895) wurde als Standardwerk angesehen und blieb es auch noch nach seinem Tod. Nach dem Ersten Weltkrieg veröffentlichte er eine auszugsweise Übersetzung des Koran, in der er weniger den Reim und mehr den Rhythmus des Originals wiederzugeben bestrebt war. In seiner Textauswahl bezieht er sich auf ein Drittel des Koran-Textes. Seine respektable Leistung wurde bis heute wenig gewürdigt.

MOHAMMED. ERSTER TEIL: Das Leben. Münster: Aschendorff 1892, 333 Seiten (Darstellungen aus dem Gebiete der nichtchristlichen Religionsgeschichte, Band 7), gebunden.

MOHAMMED. ZWEITER TEIL: Einleitung in den Koran. System der koranischen Theologie. Mit zwei Ansichten von Mekka und Medina in Lichtdruck. Münster: Aschendorff 1895, 198 Seiten (Darstellungen aus dem Gebiete der nichtchristlichen Religionsgeschichte, Band 11), gebunden. (Hierin ist eine Teilübersetzung des Koran enthalten.)

DER KORAN. Ausgewählt, angeordnet und im Metrum des Originals übertragen. Paderborn: Schöningh 1923, 227 Seiten (spätere Neuausgabe in der Reihe »Dokumente der Religion« Band VIII), gebunden.

30 Al-Azhar-Koran / Muhammad Ali Chalaf al-Husaini (1875–1944)

Der Prophet hatte die ihm vom Engel Gabriel verkündeten Suren und Verse lediglich mündlich vorgetragen. Diese wurden von seinen zahlreichen Zuhörern memoriert, aber auch auf Knochen, Steinen oder Palmblättern aufgezeichnet. Dieses Material ist nach muslimischer Überlieferung unter dem dritten Kalifen Uthman ibn Affan (579–656) gesammelt und von einer Kommission unter der Leitung von Zaid ibn Thabit (611–666) in der Zeit von 650 bis 656, also achtzehn bis vierundzwanzig Jahre nach dem Tod Muhammads, zu der heute bekannten Ganz-Schrift des Koran im Sinne einer Redaktion zusammengestellt worden. Der Kalif Uthman ließ alle sonstigen Versionen des Koran verbieten. Von dem 1270 Jahre später in Kairo gedruckten Koran (Kairiner Koran), der bis heute die Grundlage aller Koran-Exegese bildet, wird behauptet, dieser stimme mit dem Koran des Uthman überein. Der Kairiner Koran erschien am 10. Juli 1924 (dem 7. Dhul-Higga 1342 AH) und gilt als autorisierte und amtliche Ausgabe.

Seit 1907 gingen dieser Edition umfangreiche wissenschaftliche Vorarbeiten und Grundlagendiskussionen unter der Leitung von Scheich Muhammad Ali Chalaf al-Husaini (1875–1944) voraus. Erstmals wurde der Koran im Typendruck hergestellt und konnte auf diese Weise eine bis heute anhaltende weltweite Verbreitung erfahren. Der redaktionell edierte Text enthält eine exakte Erklärung aller Zeichen für die genaue Rezitation des Koran. Der arabische Text folgt der kufischen Lesung nach Hafs al-Asadi (629–690), wie sich auch die Verszählung nach der kufischen Tradition richtet. Trotz der Bearbeitung bleibt der vom Kalifen Uthman eingeführte Konsonantentext weiterhin klar erkennbar.

Bis heute folgt auch die westliche Koran-Forschung weitgehend dieser muslimischen Tradition. Hans Zirker fasste den allgemeinen

Konsens zusammen: »Im Vergleich mit der Bibel hat der Koran eine äußerst knappe und homogene Entstehungszeit. Etwa zwanzig Jahre nach dem Tod Muhammads lag die Sammlung vor, von der alle heutigen Ausgaben im Wesentlichen Kopien sind. Mit wenigen Ausnahmen hegen auch nichtmuslimische Wissenschaftler keinen Zweifel daran, dass der Koran die Offenbarungsworte weitgehend authentisch in der von Muhammad vermittelten Gestalt wiedergibt.« Rudi Paret betont ebenso: »Wir haben keinen Grund anzunehmen, dass auch nur ein einziger Vers im ganzen Koran nicht von Muhammad selber stammen würde.« Angelika Neuwirth relativiert: »Wir sind gewohnt, den Koran unhinterfragt als Offenbarungsschrift der Muslime zu bezeichnen. Damit nehmen wir zum einen die Übertragung eines jüdisch-christlichen Begriffs auf den Islam vor, deren Angemessenheit noch der systematischen Prüfung bedürfte. [...] Anstelle der islamischen Offenbarung soll die koranische Verkündigung ins Zentrum rücken und damit eine Lektüre des Koran nicht als exklusiv muslimische Religionsurkunde, sondern inklusiv als Dokument spätantiker theologischer Debatten erprobt werden [...] Der Koran gibt selbstreferentiell Auskunft über den Vorgang seiner Entstehung.«

AL-QUR'ÂN AL-KÂRIM. Al-Qâhira: Al-matba'a al-amîrîya 1342 (AH) 1924 (u.Z.), 850 Seiten (Format 24,0 x 15,5 cm), gebunden.

31 Maulana Sadr ud-Din (1905–1981)

wirkte als erster Missionar der islamischen Konfession der Ahmadiyya Anjuman Ischat-i-Islam aus Lahore seit 1922 als Imam in der Wilmersdorfer Moschee zu Berlin. Zuvor war er als Imam in der Shah-Jahan-Moschee in Woking im Westen Englands tätig gewesen. 1939 legte er die erste deutsche Koran-Übersetzung aus muslimischer Feder vor. Drei Jahrzehnte lang, von Oktober 1951 bis November 1981, hatte er den weltweiten Vorsitz der Ahmadiyya Anjuman Ischat-i-Islam inne. Zu dessen Koran-Übersetzung erklärte Muhammad Aman Hobohm (geb. 1926), selbst von 1949 bis 1954 Imam in der Wilmersdorfer Moschee, ehemaliger deutscher Diplomat und stellvertretender Vorsitzender des Zentralrats der Muslime in Deutschland, im Jahr 1999 kritisch: »Aus dem Umstand, dass Maulana Sadr ud-Din nur ungenügend Deutsch sprach, ergaben sich zahlreiche Ungenauigkeiten in der Übersetzung. Hinzu kommt, dass der Kommentar mit Ahmadiyya-Gedankengut durchsetzt ist und dass der arabische Text zahlreiche typographische Fehler aufweist.«

Da die Übersetzung von den (im sunnitischen Islam als ketzerisch betrachteten) Lehren der Ahmadiyya geprägt ist und zudem in der Verszählung von der Standardausgabe abweicht, kommt man leicht zu dem Schluss, dass sie schlecht geeignet ist. Die Ahmadiyya-Missionsbewegung wurde Ende des 19. Jahrhunderts von Mirza Ghulam Ahmad (1835–1908) in der nordindischen Provinz Pandschab gegründet. Diffamierend wendet er sich gegen das Christentum und setzt sich für den Islam ein. Seine Behauptungen, im Alter von vierundfünfzig Jahren eine Offenbarung Gottes erhalten zu haben und nur zwei Jahre später die Verkörperung des Messias und des Mahdi (in einem) darzustellen, stieß bei Sunniten wie Schiiten auf Ablehnung. In der Folge spaltete sich die Ahmadiyya-Bewegung in zwei Teile: Die Lahore-Gruppe sieht in Mirza Ghulam Ahmad einen Reformer, und die zweite, größere Qadiyani-Gruppe verehrt ihn als Nachfolgepropheten von Muhammad.

Beide Gruppen sehen in der Verbreitung von Koran-Übersetzungen in viele Sprachen ihr missionarisches Hauptanliegen. Die Übersetzung von Maulana Sadr ud-Din ist heute weitgehend von den neueren Übertragungen der Ahmadiyya-Bewegung (Qadiyani-Gruppe) verdrängt.

DER KORAN. Arabisch-Deutsch. Übersetzung, Einleitung und Erklärung von Maulana Sadr ud-Din. Berlin: Verlag der Moslemischen Revue (Selbstdruck) 1939, 1022 Seiten, gebunden. (Zweite Auflage 1964.) ISBN 978-80-00647-47-0.

DER HEILIGE KORAN. Arabischer Text mit deutscher Übersetzung und Kommentar von Maulana Sadr ud-Din. Ebenso übersetzt aus dem Englischen von [Dr.] Peter Willmer. Pakistan: Ahmadiyya Anjuman Isha'at Islam Lahore Inc. 2006, 1022 Seiten, Broschur.
(Dritte unveränderte Auflage 2006.)

32 Leo W. Winter (1907–2000)

überarbeitete die Koran-Übersetzung von Lion Baruch Ullmann (1840) über ein Jahrhundert später; diese Fassung ist heute immer noch als Buch lieferbar. Er bearbeitete als Lektor und Herausgeber im Münchner Goldmann Verlag nicht nur die hier erwähnte Koran-Ausgabe, sondern auch Dostojewskis Roman »Schuld und Sühne«, Vergils »Aeneis«, die beiden Nietzsche-Texte »Die Fröhliche Wissenschaft« und »Menschliches Allzumenschliches« und Schopenhauers »Aphorismen zur Lebensweisheit«, die allesamt im Goldmann Verlag in den Jahren von 1957 bis 1960 erschienen.

Der Koran. Das heilige Buch des Islam. Nach der Übertragung von Lion Baruch Ullmann neu bearbeitet und erläutert von Leo W. Winter. München: Goldmann 1950, 506 Seiten.
(Format 18,0 x 12,5 cm) ISBN 978-344208613-9. Broschur.
(Zuletzt 2007 als Goldmann Taschenbuch 8613)

KORAN

DER HEILIGE QUR-ÂN
Arabisch und Deutsch

Siebte, überarbeitete Auflage

Herausgegeben unter der Leitung von

HAZRAT MIRZA MASROOR AHMAD
Imam und Oberhaupt
der Ahmadiyya Muslim Jamaat

2006

Ahmadiyya Muslim Jamaat
in der Bundesrepublik Deutschland
und der Schweiz

33 Hazrat Mirza Baschir-ud-Din Mahmud Ahmad (1889–1965)

war der zweite Khalifat-ul-Massih der islamischen Konfession der Ahmadiyya und der zweite Sohn ihres Gründers Mirza Ghulam Ahmad. Im Alter von dreiundzwanzig Jahren reiste er nach Ägypten und Saudi-Arabien, wo er an der Haddsch teilnahm. Ein Jahr später gründete er in seiner indischen Geburtsstadt Qadian die Zeitung »Al-Fazl«, heute das wichtigste Publikationsorgan der Ahmadiyya Muslim Jamaat. 1922 baute er eine straffe Organisation mit den drei Sektionen Frauen, junge und ältere Männer auf, die wesentlich zum Erfolg dieser Gemeinschaft beitrug.

Weil sein Vater Mirza Ghulam Ahmad (1835–1908) im Alter von knapp fünfzig Jahren eine Prophezeiung über einen Sohn erhalten haben will, nach der dieser ein verheißener Reformer sein würde, erhob Hazrat Mirza Baschir-ud-Din Mahmud Ahmad 1944 den Anspruch, jener vorhergesagte Sohn zu sein. Darum wird jeweils am 20. Februar der Tag des Reformers gefeiert. Mit nur fünfundzwanzig Jahren wurde er der jüngste Khalifat-ul-Massih (Qadiyani-Gruppe) und blickte mit zweiundfünfzig Jahren auf die bislang längste Amtszeit zurück. Er starb im November 1965 im pakistanischen Rabwah. Die unter seiner Leitung entstandene, wenngleich nicht von ihm verfasste, deutsche Koran-Übersetzung erschien erstmalig 1954. Die eigentlichen Übersetzer werden in der Buchausgabe nicht genannt.

Sein Sohn Mirza Tahir Ahmad (1928–2003) wurde zum vierten Khalifat-ul-Massih gewählt und trat für die Trennung von Religion und Staat ein. Er verfasste eine eigenständige Koran-Übersetzung in Urdu. Wegen der Verfolgung der Ahmadiyya in Pakistan verlegte er im April 1984 seinen Wohnsitz von Rabwah nach London. Wie sein Großvater Mirza Ghulam Ahmad (1835–1908) war Mirza Tahir Ahmad vom Sieg des Islam überzeugt. Er starb zwar in London, wo auch die im Oktober 2003 durch Mirza Masrur Ahmad (geb. 1950) eröffnete europäische

Moschee der Ahmadiyya »Bait-ul-Futuh« (Haus der Siege) steht, doch wurde sein Leichnam am 23. April 2003 nach Islamabad überführt.

Anlässlich eines Deutschlandbesuchs im August 1989 forderte Mirza Tahir Ahmad: »Es ist mein Wunsch, dass Deutschland das erste europäische Land wird, wo Ahmadiyya Muslim Jamaat die Gelegenheit bekommt, einhundert Moscheen zu bauen.« Die Ahmadiyya Muslim Jamaat ist eine weltweite Bewegung, die sich in nur wenigen Punkten vom traditionellen sunnitischen Islam unterscheidet. Die sich selbst als Reformgemeinschaft verstehende Ahmadiyya entstand mitten in einer Vielzahl von Bildungsbestrebungen und Erneuerungsbewegungen der islamischen Welt am Ende des 19. Jahrhunderts. Neben Koran, Hadith und Sunna haben die Schriften des Gründers Mirza Ghulam Ahmad eine große Bedeutung; sie liegen im Verlag Der Islam ebenfalls in deutscher Übersetzung vor.

Der deutsche Schriftsteller Hadayatullah Paul-Gerhard Hübsch (1946–2011) war seit 1969 Mitglied dieser Glaubensgemeinschaft und zugleich Imam Dschuma in der Nour-Moschee in Frankfurt am Main, in der er die Freitagspredigt auf Deutsch hielt.

DER HEILIGE QUR-AN. Arabisch und Deutsch. Herausgegeben unter der
Leitung von Hazrat Mirza Bashir-ud-Din Mahmud Ahmad
[Bashiruddin Mahmud], dem Imam und Oberhaupt der Ahmadiyya
Muslim Jamaat in der Bundesrepublik Deutschland. Zürich und
Hamburg: Verlag Der Islam 1954, 653 Seiten
(Format 21,0 x 15,0 cm), gebunden.
Die Übersetzung erschien ebenso in Rabwah/Pakistan: The Oriental
and Religious Publishing Corporation 1954, 653 Seiten
(Format 21,0 x 15,0 cm), gebunden.
Die zweite überarbeitete Fassung erschien in Frankfurt am Main:
Verlag Der Islam 1959. Danach weitere zahlreiche Auflagen. Die
letzte überarbeitete Version erschien als fünfte Auflage 1989, 653
Seiten (Format 21,0 x 15,0 cm), gebunden. ISBN 3-921458-00-6.
Als Nachdruck in einer gebundenen Taschenbuchausgabe in den
Jahren 1998, 1999, 2001, 2002, 2003, 2004 und 2005. Zuletzt
erschienen als überarbeitete und gebundene Taschenbuchausgabe
2009, 650 Seiten (Format: 15,0 x 10,5 cm). ISBN 3-921458-01-3.

34 Henry Mercier (1903–1971)

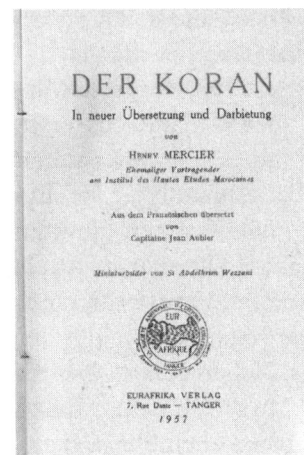

wurde in Tunis geboren und starb im Alter von achtundsechzig Jahren in Rabat. Er war der Sohn französischer Einwanderer nach Tunesien, die später über Algerien weiter nach Marokko reisten und sich in Rabat ansiedelten. Neben dem Französischen sprach er ausgezeichnet Arabisch und darüber hinaus mehrere maghrebinische (sogenannte) Dialekte. Er arbeitete als Sprachlehrer, Übersetzer und verfasste mehrere Bücher zum arabischen Wortschatz und der Grammatik. Merciers bekannteres Werk »La Politesse Arabe au Maroc« erschien mit Illustration von Jalabert Edon 1957 im marokkanischen Verlag Éditions Eurafrique in Tanger.

1957 kam Henry Merciers Koran-Übertragung in einem marokkanischen Verlag heraus. Seine Übersetzung, die er gemeinsam mit Jean Aubier angefertigt hatte, ist nicht vollständig und ignoriert die traditionelle Folge der Suren. Der Text ist nach jenen Themen geordnet, welche von ihm als »wichtig« bezeichnet wurden. Neben dem französischen Übersetzungstext enthält diese Koran-Ausgabe den arabischen Text mit diakritischen Zeichen. Der französische Koran-Text wurde von Lucien Tremlett ins Englische übertragen und erschien (ein Jahr vor der französischen Ausgabe) unter dem Titel »The Koran – A New Translation and Presentation« 1956.

DER KORAN. In neuer Übersetzung und Darbietung von Henry Mercier. Aus dem Französischen übersetzt von Jean Aubier. Mit Miniaturbildern von Si Abdelkrim Wezzani. Herausgegeben von Henry Mercier. Tanger/Marokko: Éditions Eurafrique 1957, 332 Seiten.

THE KORAN. A new translation and presentation by Henry Mercier. Translated from the French language by Lucien Tremlett. Illustrated by Si Abdelkrim Wezzani. London: Luzac 1956, 332 Seiten.

35 Max Henning (1861–1927)
Annemarie Schimmel (1922–2003)

Wie bereits erwähnt, ist die Übersetzung von Max Henning nach heutigem Kenntnisstand veraltet und nur wenig hilfreich. Noch 1957 schrieb Rudi Paret, dass es »in deutscher Sprache noch keine Übersetzung, die kritischen Ansprüchen gerecht würde« gebe und dass »am brauchbarsten immer noch die Übersetzung von Max Henning« sei. Philologisch gesehen enthält die Übertragung (1901) schwerwiegende Fehler, ist sprachlich ungenau und unzuverlässig. Ihren Erfolg aber verdankt sie ihrer relativ leichten Lesbarkeit.

Rudi Parets eigene Übersetzung, deren erste Proben er 1962 veröffentlichte und die als Buch 1966 erschien, wurde eingeholt durch die Editionsbestrebung von Annemarie Schimmel. Sie veröffentlichte den Text von Max Henning 1960 neu. Da sie den Wortlaut nicht anrührte, behält der Henning-Text bis heute zahlreiche Fehler, die die Herausgeberin durchaus hätte korrigieren und kritisch anmerken können. Dafür bietet Schimmel eine Ergänzung und Erweiterung der Henning-Anmerkungen, steuert eine eigene Einleitung bei und ergänzt das Buch durch eine Bibliografie und ein Register.

Annemarie Schimmel wurde 1922 in Erfurt geboren, promovierte 1941 in Berlin und lehrte seit 1946 als Privatdozentin in Marburg. Acht Jahre später wurde sie Professorin für Religionsgeschichte in Ankara. 1961 folgte sie dem Ruf auf einen Lehrstuhl in Bonn, wo sie bis zu ihrem Tod im Jahr 2003 lebte. Sie hatte darüber hinaus über zwei Jahrzehnte eine Gastprofessur in Cambridge inne. Schimmel gilt als fleißige Übersetzerin und anregende Forscherin im Bereich der islamischen Kultur und wurde zu deren Vermittlerin in der westlichen Welt. Dafür wurde sie 1995 mit dem Friedenspreis des Deutschen Buchhandels geehrt. 2002 legte sie ihre Autobiografie unter dem Titel »Morgenland und Abendland« als Buch vor.

DER KORAN. Aus dem Arabischen übertragen von Max Henning. Mit einer Einleitung und Anmerkungen von Annemarie Schimmel. Stuttgart: Reclam 1960. Durchgesehene und verbesserte Auflage 1991, 631 Seiten (Format 16,0 x 10,0 cm), leinengebunden. ISBN 978-3-15-054206-4.
Taschenbuchausgabe: Stuttgart: Reclam 2008, 631 Seiten (Format 15,5 x 9,5 cm), Broschur. ISBN 978-3-15-004206-9. (Reclams Universal Bibliothek 4206.)
Als deutschsprachige Ausgabe im Ausland erschienen in Istanbul: Cagri Yayinlari 1998.

36 Rudi Paret (1901–1983)

war Islamwissenschaftler und Philologe, er lebte und lehrte in Tübingen. 1901 in Wittendorf im Schwarzwald geboren, studierte der Neunzehnjährige zunächst evangelische Theologie, wechselte aber schon bald zur Orientalistik und promovierte 1924 bei dem bekannten Orientalisten Enno Littmann (1875-1958) über einen arabischen Volksroman. Nur zwei Jahre später habilitierte sich Rudi Paret an der Universität Tübingen. Nach wissenschaftlichen Tätigkeiten in Heidelberg wurde er 1940 auf den Lehrstuhl für Semitistik und Islamkunde an die Universität Bonn berufen. 1941 war er Dolmetscher für Arabisch im Deutschen Afrikakorps. Nach US-amerikanischer Gefangenschaft und Rückkehr nach Deutschland im Jahr 1947 bekleidete er von 1951 bis zur Emeritierung 1968 den Lehrstuhl für Semitistik und Islamkunde an der Universität Tübingen in der Nachfolge von Enno Littmann. Rudi Paret starb 1983 in Tübingen.

Bekannt wurde Rudi Paret durch seine (1962 zunächst in Teilen und 1966 komplette erschienene) Koran-Übersetzung, die lange Zeit die in der Wissenschaft maßgebliche deutsche Übersetzung blieb. Fünf Jahre später erschien sein Koran-Kommentar. Bereits 1950 hatte er ein Buch über Grenzen der Koran-Forschung und 1957 eine Studie über Muhammad und den Koran veröffentlicht. Weniger bekannt sind seine Texte über die Welt des Islam in der Gegenwart (1961) und zur Frauenfrage in der arabisch-islamischen Welt (1934).

Seit 1935 hatte Paret den Plan einer leicht kommentierten und neuen wissenschaftlichen Koran-Übersetzung. Er bediente sich dabei erstmals Methoden, wie sie ihm aus der historisch-kritischen Forschung in der biblischen Überlieferung bekannt waren. Die Übersetzung ist mit wissenschaftlicher Präzision durchgeführt, worunter jedoch die Lesbarkeit für den Laien leidet. Die Mängel seiner Arbeit waren Paret durchaus bewusst. Obwohl die Bedeutung der Übersetzung für wissenschaftliche Zwecke weitgehend unbestritten ist, hat sie auch Kritiker gefunden, darunter Stefan Wild und dessen Schüler Navid Kermani.

Paret wollte die Authentizität des Originals wahren und stützte sich auf den arabischen Text der Azhar-Ausgabe. Auch wenn seine Arbeit eine philologische Pionierleistung darstellt, so ist seine Übertragung doch für ein Fachpublikum bestimmt. Dennoch galt Parets deutschsprachiger Koran-Text neben der Übersetzung von Friedrich Rückert und der Übertragung von Theodor Adel Khoury lange als maßgeblich. Dem ist heute allerdings nicht mehr so. Hartmut Bobzin, der die Arbeit Rudi Parets äußerst schätzte, widmete ihm einen Eintrag im zwanzigsten Band der »Neuen Deutschen Biographie« (Berlin: Duncker & Humblot 2001, S. 64).

DER KORAN. ÜBERSETZUNG. Von Rudi Paret. Stuttgart, Berlin und Köln: Kohlhammer 1962, 524 Seiten (Format 23,5 x 16,0 cm), gebunden.
Als Taschenbuchausgabe in der elften Auflage 2010 (zuerst 1979) lieferbar. Stuttgart: Kohlhammer 2010, 440 Seiten (Format 18,5 x 11,5 cm), Broschur. ISBN 978-3-17-021156-8.
Ebenso als Lizenzausgabe Verlag Ansariyan Publication in Qum 1981.

DER KORAN. KOMMENTAR UND KONKORDANZ. Von Rudi Paret. Stuttgart, Berlin, Köln und Mainz: Kohlhammer 1971, 567 Seiten (Format 23,5 x 16,0 cm), gebunden. (Zweite Auflage 1977.)
Taschenbuchausgabe: Stuttgart: Kohlhammer 2005, 567 Seiten (Format 18,5 x 11,5 cm), Broschur. ISBN 978-3-17-018990-4.

MOHAMMED UND DER KORAN. Geschichte und Verkündigung des arabischen Propheten. Stuttgart: Kohlhammer 1957, 160 Seiten (Format 18,5 x 11,5 cm), Broschur. ISBN 978-3-17-019874-6. (Urban-Taschenbücher 32.)

DER KORAN. Graz: Verlag für Sammler 1979, 447 Seiten (Format 24,0 x 17,0 cm). ISBN 3-85365-039-2. (Kleine Islamische Reihe, Sonderausgabe.)

37 Max Henning (1861–1927)
Kurt Rudolph (1929–2010)

Kurt Rudolphs Oberschulbesuch wurde durch den Ausbruch des Zweiten Weltkriegs unterbrochen, sein Abitur legte er erst 1948 ab. Danach begann er ein Studium der Religionsgeschichte, der Evangelischen Theologie und Semitistik an der Universität in Greifswald. Seit 1950 studierte Rudolph an der Universität Leipzig, von 1952 bis 1953 war er Hilfsassistent am Religionsgeschichtlichen Seminar. Nach seinem theologischen Staatsexamen 1953 wurde er wissenschaftlicher Assistent am Religionsgeschichtlichen Institut der Philosophischen Fakultät in Leipzig.

Während dieser Zeit arbeitete er parallel an Promotionen sowohl in Theologie als auch in spätantiker Religionsgeschichte. Seit 1954 war Rudolph Lehrbeauftragter für Religionsgeschichte. Die theologische Promotion erfolgte 1956 mit einer Arbeit zum Thema »Die Mandäer I – Das Mandäerproblem«. Im April 1957 folgte die religionshistorische Promotion, die mit der Arbeit »Die Mandäer II – Der Kult« direkt auf der theologischen Dissertation aufbaute. 1960 wurde er wissenschaftlicher Oberassistent. 1961 folgte die Habilitation in Religionsgeschichte und Vergleichender Religionswissenschaft mit einer Arbeit zum Thema »Theogonie, Kosmogonie und Anthropogonie in den mandäischen Schriften«.

1961 wurde Kurt Rudolph zunächst Dozent für Religionsgeschichte und Vergleichende Religionswissenschaft, dann Professor mit Lehrauftrag an der Leipziger Universität. 1974 wurde er ordentliches Mitglied der Sächsischen Akademie der Wissenschaften. Zehn Jahre später kehrte er von einer Reise in die USA nicht mehr in die DDR zurück, woraufhin ihm gekündigt und er aus der Sächsischen Akademie ausgeschlossen wurde. Zwischen 1984 und 1986 lehrte Rudolph als Gastprofessor in Chicago und Santa Barbara. In Deutschland war er von 1986 bis zu seiner Emeritierung 1994 Professor in Marburg. 1991 wurde er wieder korrespondierendes Mitglied der Sächsischen Akademie.

Während seines Wirkens an den Religionswissenschaftlichen Instituten der Universitäten Leipzig, Chicago und Marburg erwarb sich Rudolph einen internationalen Ruf als Kenner der Gnosis und des Manichäismus (eine stark vom Gedankengut der Gnosis beeinflusste Offenbarungsreligion der Spätantike und des frühen Mittelalters). Darüber hinaus beschäftigen ihn ebenso der Islam und methodische Fragen der Religionswissenschaft. Hier ging es ihm vorrangig um die Begründung einer von der Theologie unabhängigen Religionsforschung. Rudolph betont, Religionswissenschaft sei rationale Wissenschaft und daher einem methodischen Atheismus verpflichtet.

Der Leipziger Reclam Verlag wollte Max Hennings Koran-Übersetzung für die DDR publizieren und konnte neben Kurt Rudolph als Herausgeber den Historiker Ernst Werner als Beiträger gewinnen. Der Henning-Text wurde leicht überarbeitet, dennoch verblieben Fehler in ihm. Die Verszählung nach Gustav Flügel wurde uneinheitlich durch die kufische Verszählung des Azhar-Koran ergänzt. Die Ausgabe erlebte in der DDR mehrere Nachauflagen und eine westdeutsche Lizenzausgabe für das Moderne Antiquariat.

DER KORAN. Aus dem Arabischen übertragen und mit einer Einleitung von Ernst Werner und Kurt Rudolph. Textdurchsicht, Anmerkungen, Register von Kurt Rudolph. Leipzig: Reclam 1968, 574 Seiten (Format 18,0 x 11,0 cm). (Zweite Auflage 1970 und sechste und letzte Auflage 1984.)
Taschenbuch-Ausgabe als Reclams Universal-Bibliothek Band 351. (Diese Ausgabe wurde als Lizenz in Westdeutschland vom VMA-Verlag in Wiesbaden 1980 gedruckt und vertrieben.)

IV. Von 1980 bis zum Ende des 20. Jahrhunderts

Nach islamischer Zeitrechnung von 1400 bis 1420 AH

38 Hüseyin Arak

wurde 1937 geboren, ansonsten ist wenig über ihn zu ermitteln. Seine von ihm so bezeichnete deutsche Koran-Übersetzung lehnt sich stark an die Übertragung von Max Henning an, die 1960 im Reclam Verlag erschien. Genau zwanzig Jahre später veröffentlichte Hüseyin Arak eine variierte Form dieses Textes und bezeichnete sie als seine Koran-Übertragung.

DER EDLE KORAN. Arabisch und Deutsch von Hüseyin Arak. Istanbul/Türkei: Okyanus Yayincilik 1980, 316 Seiten (Format 13,5 x 21,0 cm), Broschur. ISBN 975-98-0403-4.
DER GNADENREICHE KORAN. Kur'an-i Kerim. Arabisch und Deutsch von Hüseyin Arak. Istanbul/Türkei: Türkiye Diyanet Vakfi 2005, 606 Seiten (Format 24,0 x 16,5 cm), Broschur. ISBN 975-389-0053-3. (Publikation der Türkischen Religionsstiftung als Neuauflage.)
KITAP KAGIDI – ALMANCA. Istanbul/Türkei: Yayin Yili 2012, 316 Seiten (Format 21,0 x 13,5 cm), Broschur. (Aktuelle Ausgabe.)

DER HEILIGE QUR-ÂN

39 Fatima Grimm

wurde 1934 in München als Helga Wolff geboren und konvertierte 1960 zum Islam, nachdem sie 1958 ihren Mann Omar Abdul Aziz kennengelernt hatte, einen tschechischen Orientalisten, der schon mit sechzehn Jahren zum Islam konvertiert war. 1982 unternahm sie die kleine Pilgerfahrt Umra und heiratete zwei Jahre später Abdul Karim Grimm, nachdem sie sich 1983 nach fünfundzwanzig Jahren einvernehmlich von ihrem ersten Mann getrennt hatte. Abdul Karim Grimm starb 2009. Fatima Grimm ist Autorin mehrerer Bücher und schreibt nach eigenen Angaben an ihrer Autobiografie.

Fatima Grimm ist eine deutsche Islam-Konvertitin, die sich einer nicht unbedeutenden Frage islamischer Mütter widmete, nämlich der nach der religiösen Erziehung ihrer Kinder. Als oberstes Erziehungsziel bezeichnet sie den Dschihad (eigentlich die Anstrengung auf dem Weg zu Gott), unter dem sie einen heiligen Krieg zum Zwecke der islamischen Selbstverteidigung versteht. Was heißt schon Selbstverteidigung, fragt Fatima Grimm, wenn der Islam auf mannigfaltige und perfide Weise von den Ungläubigen angegriffen wird? Im Jahr 2000 veröffentlichte sie hierzu ein Buch mit dem Titel »Die Erziehung unserer Kinder«, 2002 folgte das Buch »Der Islam mit den Augen einer Frau«. Leider bleibt sie in ihren Thesen oftmals diffus. Fatima Grimm ist als Übersetzerin muslimischer Standardwerke, als Publizistin und als Referentin zu allgemeinen Themen des Islam tätig und setzt sich für den Dialog zwischen dem Islam und anderen Religionen ein. Sie ist Ehrenmitglied des Zentralrats der Muslime in Deutschland und im Vorstand der Deutschen Muslim Liga in Hamburg.

Eine Koran-Interpretation der Nurcu-Bewegung, die bis dahin nur auf Türkisch und Englisch verfügbar war, wurde von ihr ins Deutsche übersetzt. Eine praktikable deutschsprachige Übersetzung, die auch den arabischen Text und gleichzeitig zu jedem Vers eine Auswahl aus wichtigen, auf Deutsch übersetzten Kommentaren bringt, wurde von einer Gruppe deutschsprachiger Muslima unter Leitung von Fatima Grimm unter dem Titel »Die Bedeutung des Koran« herausgegeben.

Deren traditionelle Deutung erscheint allerdings heute veraltet, und leider enthält die Neuauflage immer noch zahlreiche Druckfehler. Zudem handelt es sich um eine stark traditionalistische, missionierende und interpretierende Übersetzung. Der Grimm'sche Text findet daher in der Islamwissenschaft keine Verwendung und ist für das Studium des Koran kaum empfehlenswert. Der SKD Bavaria Verlag wurde 1983 in München mit der Absicht gegründet, die Verständigung zwischen den Kulturen und Religionen in Europa und der arabisch-islamischen Welt zu fördern; er hat inzwischen seine Tätigkeit eingestellt.

DIE BEDEUTUNG DES KORANS. Herausgegeben von Fatima Grimm. Fünfundzwanzig Bände. München: SKD Bavaria 1983, gesamt 3000 Seiten (Format 29,5 x 21,0 cm), Broschur. ISBN 978-3-926575-07-4. (Teilübersetzungen in Einzelbänden.)

DIE BEDEUTUNG DES KORANS. Herausgegeben von Fatima Grimm. Fünf Bände. München: SKD Bavaria 1994, 3000 Seiten (Format 30,0 x 22,0 cm), gebunden. ISBN 978-3-926575-40-1. (Zweite Auflage 1998.)

40 Muhammad Ahmad Rassoul
(geb. 1929),

Tafsīr Al-Qur'an Al-Karīm

der sich auch Abu-r-Ridâ Muhammad Ibn Ahmad Ibn Rassoul nennt, ist Begründer und Autor der Islamischen Bibliothek; er lebt und arbeitet in Köln. Rassoul studierte Rechtswissenschaft in Kairo an der Philosophischen Fakultät der Al-Azhar-Universität. Rassoul gab seiner Koran-Übersetzung den Titel »Die ungefähre Bedeutung des Al-Koran Al-Karim« und publizierte sie in der von ihm betreuten Islamischen Bibliothek. Die eher freie und philologisch anspruchslose Übersetzung ist auch auf der Website des Zentralrats der Muslime in Deutschland zu finden. Da sie sich stark an die arabische Ausdrucksweise anlehnt und einen Hang zur beschönigenden Apologetik hat, ist sie selbst unter gebildeten Muslimen umstritten. Der Autor veröffentlichte zahlreiche Bücher, unter anderem Ratgebertexte wie »Glaubensbekenntnis im Islam« (1999) oder »Wie man das Gebet verrichtet« (2011). Ebenso erschien von ihm in der Islamischen Bibliothek ein eher esoterisch zu nennendes Buch über die »Göttlichen Lichter in den Heiligen Hadithen« (1998). Muhammad Ahmad Rassoul empfindet den Islam als Königreich, als ein Imperium. Darum ist ihm der türkische »Hilafet Devleti« genannte Kalifatstaat des inzwischen aus Köln ausgewiesenen Fundamentalisten Muhammed Metin Kaplan (geb. 1952) zumindest nicht unsympathisch. Er ist Leiter des Islamischen Zentrums in Köln, der Verlag Der Islam gehört zu dieser Einrichtung.

Die Koran-Übersetzung von Muhammad Ahmad Rassoul wurde 2012 in einer bundesweiten Werbekampagne unter dem Titel »Lies!« (angeblich millionenfach) kostenlos verteilt. (Der Aufruf zum Lesen »Iqra!« ist der Sure 74 entnommen. Die meisten Koran-Schüler lernen diese Sure, denn sie gilt als ein in frühmekkanischer Zeit verkündeter bedeutender Surentext. Nach der Offenbarung dieser Sure wurde Muhammad zum Propheten und Gesandten und begann damit Allahs Auftrag zu erfüllen, die Bewohner von Mekka zu ermahnen.) Dies war eine Aktion wahhabitischer Geldgeber und salafistischer Missionare wie des Ibrahim Abu-Nagie (geb. 1964), der ohne theologische Ausbildung den Islam predigt und beispielsweise den ägyptischen Religionsgelehrten Muhammad al-Zoghbi (geb. 1964) nach Deutschland einlud, um ihn predigen und missionieren zu lassen. Inzwischen steht Deutschland auf der Prioritätenliste der Missionsbewegung der Salafisten und Wahhabiten weit oben, nicht zuletzt dank des medialen Wirkens des 1978 geborenen Abu Hamza Salahudin (Pierre Vogel), der 2001 zum Islam konvertierte und sich häufig zum Koran-Studium in Ägypten aufhält. Die Salafisten sind eine islamistische Bewegung, die sich streng an der Frühzeit des Islam orientiert. Der Wahhabismus ist eine extrem konservative islamische Richtung, die von Muhammad ibn Abd al-Wahhab begründet und von Saudi-Arabien zur Staatsdoktrin erklärt wurde. Die meisten Sunniten und Schiiten lehnen sowohl den Salafismus als auch den Wahhabismus als nicht koranisch ab.

TAFSÎR AL-QUR'ÂN AL-KARÎM. Erläuterung des Al-Qur'ân Al-Karîm in deutscher Sprache von Abû-r-Ridâ Muhammad ibn Ahmad ibn Rassoul. Bonn: World Islamic Call Society 1986 und Köln: Islamische Bibliothek 2003, 1633 Seiten (Format 21,5 x 15,5 cm), ledergebunden. ISBN 978-3-940585-04-X. (Dreißigste verbesserte Auflage 2008.)

DIE UNGEFÄHRE BEDEUTUNG DES AL QUR'ÂN AL KARÎM. In deutscher Sprache. Übersetzt von Abu-r-Ridâ Muhammad ibn Ahmad Rassoul. Bonn: World Islamic Call Society 1986 und Köln: Islamische Bibliothek 1986, 496 Seiten (Format 21,5 x 15,5 cm), gebunden. ISBN 978-3-941111-09-7. (Fünfundzwanzigste Auflage 2009.)

TAFSIR AL QUR'ÂN AL KARÎM. In arabischer und deutscher Sprache. Übersetzt von Abu-r-Ridâ Muhammad ibn Ahmad Rassoul. Köln: Islamische Bibliothek 2010, 1.344 Seiten (Format 21,5 x 15,5 cm), gebunden. ISBN 978-3-941111-11-0.

DIE UNGEFÄHRE BEDEUTUNG DES AL-QUR'AN AL-KARIM. In deutscher Sprache. Übersetzt von Abu-r-Ridâ Muhammad ibn Ahmad Rassoul. Herausgegeben von Muhammad A. Ramdani. Köln: Islamische Bibliothek (zweite verbesserte Auflage 2010), 544 Seiten (Format 21,5 x 15,5 cm). ISBN 978-3-941111-12-7.

LAN TABUR. THEMENREGISTER DES AL-QUR'AN AL-KARIM. Übersetzt von Abu-r-Ridâ Muhammad ibn Ahmad Rassoul. Köln: Islamische Bibliothek 1993, 1.259 Seiten (Format 21,5 x 15,5 cm). ISBN 978-3-8217-0091-5.

DER KORAN. Originalarabisch mit deutscher Übersetzung. Die zweisprachige Fassung des Koran. Arabisch und eine neu bearbeitete deutsche Übersetzung. Mit Anhängen für Themen und Erläuterung der Termini. Herausgegeben von Mohammad H. Homsi und übersetzt von Muhammad Ahmad Rassoul. Qom: Ansariyan Publications 2003, 604 Seiten (Schiitische Fassung).

41 Adel Theodor Khoury (geb. 1930)
Muhammad Salim Abdullah
(geb. 1931)

Adel Theodor Khoury ist ein katholischer Priester melkitischer Richtung und damit exponiertes Mitglied der in seinem Geburtsland Libanon drittgrößten Kirche, darüber hinaus ausgebildeter Theologe. Er studierte Philosophie und Theologie sowie Orientalistik an der Jesuiten-Universität in Beirut und Philosophie an der Universität von Lyon. Seine Lyoner Habilitationsschrift erschien 1966 unter dem Titel »Manuel II. Paléologue. Entretiens avec un Musulman, Introduction, texte critique, traduction et nites« und erlangte vor allem darum späte Anerkennung, weil Papst Benedikt XVI. (geb. 1927) in seiner Regensburger Rede von 2006 auf sie Bezug nahm: Er zitierte aus der von Khoury edierten siebten Gesprächsrunde eine Aussage des spätmittelalterlichen byzantinischen Kaisers Manuel II. Palaiologi zur Rolle der Gewalt im Islam. Die Rede führte bekanntlich zu einer weltweiten katholisch-islamischen Debatte.

Nach seiner Habilitation war Adel Theodor Khoury von 1970 an als Professor und Leiter des Seminars für Allgemeine Religionswissenschaft der Katholisch-Theologischen Fakultät an der Universität Münster tätig. Als Theologe fordert er bis heute insbesondere die Verständigung zwischen Christentum und Islam. Er schrieb beachtliche Studien über den Islam und die Charakteristika dieser Religion. Khoury veröffentlichte unter anderem die Bücher »Einführung in die Grundlagen des Islams« (1978), »Was sagt der Koran zum Heiligen Krieg?« (1991) und »Der Islam und die westliche Welt« (2001). Außerdem edierte er ein Buch unter dem Titel »Der Hadith. Urkunde der islamischen Tradition: Religiöse Grundpflichten und Rechtschaffenheit« (2008). Adel Theodor Khoury ist Begründer und Leiter der Forschungsstelle für den christlich-islamischen Dialog im libanesischen Harissa.

Muhammad Salim Abdullah wurde 1931 als Herbert Krawinkel in Bad Salzuflen geboren und mit nur einundzwanzig Jahren Mitglied der

Ahmadiyya-Religionsgemeinschaft. Er schloss sich später der hanafitischen Rechtsschule des sunnitischen Islam an. Diese Schule beruft sich auf ihren Gründer Abu Hanifa Nu'man ibn Thabit, der 699 im persischen Kufa geboren wurde. Ihr gehören fünfzig Prozent der Sunniten an, darum gilt sie heute als weltweit größte Rechtsschule. Muhammad Salim Abdullah ist Journalist und Herausgeber der »Moslemischen Revue« (begründet von Maulana Sadr ud-Din), darüber hinaus Seniordirektor des bereits 1927 gegründeten Zentralinstituts Islam-Archiv-Deutschland, auf dessen Basis 1986 der Islamrat für die Bundesrepublik Deutschland gegründet worden war, dem er selbst sechs Jahre vorstand. Seit 1966 ist er überdies Freimaurer und gilt als schillernde Gestalt im deutschen Islam.

Eine der bedeutendsten deutschen Koran-Übersetzungen stammt von Adel Theodor Khoury. Der Übersetzer und Kommentator legte besonderen Wert darauf, in Zweifelsfällen der üblichen Auslegung der islamischen Tradition zu folgen. Darum findet sich in diesem Text nicht das Koran-Verständnis einer religiösen Minderheit, sondern das der großen Mehrheit der Muslime. Die Übersetzung entspricht daher unbedingt einem muslimischen Verständnis des Koran und hält sich so eng wie möglich an das arabische Original. Inamullah Khan (1912–1997), der damalige Generalsekretär des Islamischen Weltkongresses, schrieb 1987 ein Geleitwort zur Buchausgabe, und die Republik Iran kürte die spätere zwölfbändige Edition 2009 zum Buch des Jahres. Diese Koran-Ausgabe wird bei Zitation in deutschen Veröffentlichungen ebenso von saudi-arabischen Institutionen benutzt.

DER KORAN. Übersetzung von Adel Theodor Khoury. Unter
  Mitwirkung von Muhammad Salim Abdullah. Mit einem Geleitwort
  von Inamullah Khan, Generalsekretär des Islamischen Weltkongresses. Gütersloh: Gütersloher Verlagshaus Reinhard Mohn 1987,
  587 Seiten (Format 24,5 x 17,0 cm), gebunden.
  ISBN 978-3-579-08023-9.
  Als Taschenbuchausgabe: Ebenda (Format 19,0 x 12,0 cm).
  ISBN 978-3-579-08024-6. (Gütersloher Taschenbücher Siebenstern
  Band 783.)

Aktuelle textidentische Ausgabe als: Der Koran. Übersetzt und kommentiert von Adel Theodor Khoury. München: Gütersloher Verlagshaus 2007, 608 Seiten (Format 24,5 x 17,0 cm), gebunden. ISBN 978-3-579-08023-9.
Hierzu gehören: THEMENKONKORDANZ KORAN. Erarbeitet und herausgegeben von Adel Theodor Khoury. München: Gütersloher Verlagshaus 2009, 800 Seiten (Format 24,5 x 17,0 cm), gebunden. ISBN 978-3-579-08065-9.
Und: DER KORAN (INTERPRETATION). Erschlossen und kommentiert von Adel Theodor Khoury. Düsseldorf: Patmos 2005, 349 Seiten (Format 26,5 x 20,0 cm), gebunden. ISBN 978-3-491-72485-3. (Dritte Auflage 2007.)
DER KORAN. ARABISCH-DEUTSCH. Übersetzung und wissenschaftlicher Kommentar von Adel Theodor Khoury. Zusammen mit Muhammad Salim Abdullah. Gütersloh: Gütersloher Verlagshaus 1990–2001. Zwölf Bände mit gesamt 5.422 Seiten (Format 22,0 x 15,0 cm), gebunden.
Band 1: Suren 1,1–2,74 / 1990, 367 Seiten. ISBN 978-3-579-00336-8.
Band 2: Suren 2,75–2,212 / 1991, 384 Seiten. ISBN 978-3-579-00337-5.
Band 3: Suren 2,213–2,286 / 1992, 299 Seiten. ISBN 978-3-579-00338-2.
Band 4: Sure 3 / 1993, 357 Seiten. ISBN 978-3-579-00339-9.
Band 5: Sure 4 / 1994, 304 Seiten. ISBN 978-3-579-00340-5.
Band 6: Suren 5–6 / 1995, 411 Seiten. ISBN 978-3-579-00341-2.
Band 7: Suren 7–9 / 1996, 440 Seiten. ISBN 978-3-579-00342-9.
Band 8: Suren 10–15 / 1997, 419 Seiten. ISBN 978-3-579-00343-6.
Band 9: Suren 16–23 / 1998, 558 Seiten. ISBN 978-3-579-00344-3.
Band 10: Suren 24–36 / 1999, 614 Seiten. ISBN 978-3-579-00345-0.
Band 11: Suren 37–57 / 2000, 607 Seiten. ISBN 978-3-579-00383-2.
Band 12: Suren 58–114 / 2001, 642 Seiten. ISBN 978-3-579-00384-9.

42 Max Henning (1861–1927)
Hanspeter Achmed Schmiede
(geb. 1935)

Hanspeter Achmed Schmiede konvertierte mit neunzehn Jahren zum Islam. Er arbeitete über ein Vierteljahrhundert, von 1958 bis 1984 als Redakteur bei der Zeitschrift »Al-Islam«, die vom Münchner Islamischen Zentrum betreut, finanziert und herausgegeben wird. 1984 wechselte er zu der Organisation »Diyanet Isleri Türk – Islam Birligi« (DITIB, Türkisch-Islamische Union der Anstalt für Religion), der offiziellen Vertretung der türkischen Muslime in Deutschland. Schmiede ist auch Übersetzer türkischer Texte in die deutsche Sprache. So veröffentlichte er beispielsweise »Das Leben des Propheten Muhammed« (1988) von Osman Keskioglu, »Die Botschaft des Koran« (1990) von Hayri Bolay oder »Erlaubtes und Verwehrtes« (1990) von Hayrettin Karaman.

Seine auf dem Text von Max Henning basierende Koran-Ausgabe ist zweisprachig (arabisch und deutsch), wobei die Surennamen türkische Titel tragen. Dieses Buch besitzt einige Faksimiles, verzichtet aber gänzlich auf Anmerkungen, Kommentare oder Fußnoten. Leider sind bekannte Fehler Max Hennings nicht verändert oder verbessert, darum ist die deutsche Übersetzung grundlegend revisionsbedürftig. Die türkische Religionsbehörde (DITIB) bestätigt daher darum offiziell nur die Richtigkeit des arabischen Textes. Dieser arabische Text zeigt überdies die schöne Handschrift des bekannten türkischen Kalligrafen Hafiz Osman (1642–1698).

DER GNADENREICHE KORAN. Kur'ân-i Kerîm. Originaltext mit deutscher Übersetzung. Mit einem Vorwort von Osman Nuri Gürsoy und einer Einleitung von Hanspeter Achmed Schmiede. Ankara/Türkei: Türkiye Diyanet Vakfi 1991, 620 Seiten (Format 23,5 x 16,0 cm), gebunden. (Publikation der türkischen Religionsstiftung, Band 33.) ISBN 975-389-053-2. (Zweite Auflage 1995.)

DER KORAN

DIE HEILIGE SCHRIFT DES ISLAM

IN DEUTSCHER ÜBERTRAGUNG

mit Erläuterungen
nach den Kommentaren von
Dschalalain, Tabari
und anderen hervorragenden
klassischen Koranauslegern

Ahmad v. Denffer

München
2003

43 Ahmad von Denffer (geb. 1949)

ist ein deutscher Publizist und Übersetzer. Er studierte von 1972 bis 1978 Islamwissenschaft und Ethnologie an der Universität Mainz und war bis 1984 wissenschaftlicher Mitarbeiter der Islamic Foundation im englischen Leicester, die der Ahmadiyya Muslim Jamaat nahesteht. Seit 1984 ist Denffer Referent für deutschsprachige Angelegenheiten des Islamischen Zentrums Münchens, dessen Leitung seinerzeit Muhammad Mahdi Akef (geb. 1928) innehatte, der 2004 (bis 2010) siebter Generalsekretär der ägyptischen Muslimbruderschaft werden sollte. Nicht erst seitdem unterhält Ahmad von Denffer Kontakte zur Muslimbruderschaft. Er sieht viele Unterschiede zwischen der Scharia und dem jeweiligen weltlichen Rechtssystem und möchte die deutsche Rechtsordnung in eine islamgemäße umwandeln. Er kann sich eine islamische Parallelgesellschaft in Deutschland durchaus vorstellen und befürwortet die uneingeschränkte Religionsausübung in islamischen Ländern.

Denffer ist Herausgeber der Zeitschrift »Al-Islam«. Er veröffentlichte 1996 eine eigene Koran-Übertragung und übersetzte außerdem die »Vierzig Hadithe« von An-Nawawî. Er publizierte »A day with the Prophet« (englisch 1979 und deutsch 1983) und gab das Buch »Islam hier und heute« (1981) heraus. Darüber hinaus veröffentlichte er – neben zahlreichen Büchern zum Thema Islam – unter dem Titel »Ulum al-Koran« eine Einführung in die Koran-Wissenschaften, die 1983 zuerst als englische Originalausgabe in der Islamic Foundation in Leicester erschien und die zahlreiche Neuauflagen erlebte, zuletzt überarbeitet 1996. Die deutsche Übersetzung des Buches erschien 1996 und zuletzt 2009 beim Deutschen Informationsdienst über den Islam in Karlsruhe. Sie ist zurzeit als Buch nicht lieferbar, aber als PDF-Dokument im Internet abrufbar.

DER KORAN. Die heilige Schrift des Islam in deutscher Übertragung. Mit Erläuterungen nach den Kommentatoren von Dschalalain, Tabari und anderen hervorragenden klassischen Koranauslegern. Islamabad/Pakistan: Da'wah Academy (International Islamic University) 1996 und München: Islamisches Zentrum 1996, 1008 Seiten (hier zweisprachige Ausgabe). Später auch München: Islamisches Zentrum 1997, 504 Seiten. (Zuletzt erschien die neunte, verbesserte und nur noch deutschsprachige Auflage 2003, 504 Seiten (Format 21,0 x 14,5 cm), Broschur. ISBN 978-3-89263-786-8. (ISBN 969-556-029-6 Pakistan.)

44 Max Henning (1861–1927) Murad Wilfried Hofmann (geb. 1931)

Wilfried Hofmann ist ein deutscher Jurist und ehemaliger Diplomat. Nach erfolgreichem Jurastudium mit Promotion und vielen Auslandsaufenthalten arbeitete er von 1961 bis 1994 als Diplomat, zunächst am deutschen Generalkonsulat in Algier. Nach weiteren diplomatischen Missionen war er von 1987 bis 1990 deutscher Botschafter in Algier, anschließend bekleidete er bis 1994 dieselbe Funktion im marokkanischen Rabat. 1980 konvertierte Hofmann zum sunnitischen Islam und gab sich den arabischen Vornamen Murad. Er führte seit 1982 siebenmal die kleine Pilgerfahrt Umra und zweimal die große Pilgerfahrt Haddsch durch. 2008 wurde er von den Lesern der »Islamischen Zeitung« in Berlin zum »wichtigsten Muslim in Deutschland« gewählt. 2009 zeichnete ihn das Staatsoberhaupt des Emirats Dubai als »Islamische Persönlichkeit des Jahres« aus.

Murad Wilfried Hofmann ist Autor von Sachbüchern zum Thema Islam und Bearbeiter der Koran-Übersetzung von Max Henning (1998). Seine Bearbeitung nähert Hennings Deutsch einer zeitgemäßen Sprache an und glättet kritische Stellen im Sinne einer liberalen Islam-Auslegung. Auch sind Hennings Anmerkungen komplett neu bearbeitet. Von Hofmann erschienen die Bücher »Der Islam als Alternative« (1992), »Reise nach Mekka« (1996), »Der Islam in dritten Jahrtausend« (2000) sowie eine kurze Einführung in den Koran.

Kritiker bezeichnen Hofmanns Beschreibung der »Degeneration der westlichen Gesellschaft« als stereotyp gefärbt und vermissen eine angemessene Sicht auf westliche Grundwerte wie Menschenrechte und Demokratie, Transparenz und Kritikfähigkeit. Der Bericht des baden-württembergischen Verfassungsschutzes von 2004 wirft Hofmann eine ablehnende Haltung gegenüber der Rolle des Individuums im Westen vor, die er nach eigenen Worten als eine Vergötterung des Einzelnen empfindet und deren positive Aspekte wie persönliche Freiheit oder

Persönlichkeitsrechte er damit ausblendet. Kritiker werfen ihm zudem eine einseitige Haltung vor, denn gegenüber dem Christentum beziehe er sich auf kritische Ergebnisse der Bibelforschung (Gerd Lüdemann) und hebe die Glaubwürdigkeit des Koran im Unterschied zur Bibel damit hervor. Im Hinblick auf die Entstehung des Koran beschränke er sich hingegen auf ein traditionell-islamisches Bild und vernachlässige dabei neuere kritische Forschungserkenntnisse (Christoph Luxenberg).

DER KORAN. Das Heilige Buch des Islam. Arabisch-Deutsch. Aus dem Arabischen von Max Henning. Überarbeitet und herausgegeben und mit einer Einleitung von Murad Wilfried Hofmann. Mit 600 Kalligraphien. Istanbul: Cagri Yayinlari 1998, 439 Seiten (Format 20,0 x 15,0 cm), gebunden.
Ebenso: München: Eugen Diederichs 2001, 636 Seiten (Format 19,5 x 14,5 cm), gebunden. Erste ISBN 978-7205-2188-8. Zweite ISBN 978-3-7205-3023-1.
Aktuelle ISBN 978-3-7205-3042-2. (Hier 520 Seiten).

45 Moustafa Maher

wurde 1936 in Kairo geboren und ist ein ägyptischer Germanist, der im Auftrag der Al-Azhar-Universität in Kairo den Koran-Text neu übersetzte. Er studierte Germanistik, Romanistik und Arabistik in Kairo, Köln und München und ist seit 1976 Professor für Germanistik an der Ain-Schams-Universität in Kairo. Seine germanistische Dissertation erschien unter dem Titel »Das Motiv der orientalischen Landschaft in der deutschen Dichtung von Klopstocks Messias bis zu Goethes Divan« im Jahr 1979.

Die Al-Azhar-Universität ist die älteste islamische Universität. Sie wurde 969 gegründet und feierte bereits ihr tausendjähriges Bestehen. Die Al-Azhar-Universität steht für die traditionelle sunnitische Interpretation und gilt als Autorität auf diesem Gebiet, sie grenzt sich von radikalen islamischen Erneuerungen strikt ab. Moustafa Mahers Text ist die erste deutsche Koran-Übersetzung, die in Ägypten veröffentlicht wurde, anerkannt von der höchsten religiösen Autorität der Sunniten, dem Großscheich der Al-Azhar-Universität Muhammad Sayyed Tantawi (1928–2010), und herausgegeben vom Ministerium für religiöse Angelegenheiten und vom Obersten Rat für islamische Angelegenheiten in Kairo.

Der sinngemäßen deutschen Übersetzung des Koran-Textes liegt eine komprimierte Interpretation zugrunde, die sich als »muntahab« (Auswahl) bezeichnet. Die Übersetzung von Maher ist in zeitgemäßem Deutsch verfasst, flüssig zu lesen, nüchtern und prosaisch gestaltet. Sie hat einen Hang zur Beschönigung von Text-Aussagen und folgt im Übrigen einem gängigen zeitgenössischen muslimischen Koran-Verständnis. Vor jeder Sure befindet sich eine Einführung auf Deutsch.

Moustafa Maher übersetzte die beiden Prosabände »Jugendjahre in Kairo« (1986) und »Weltbürger zwischen Kairo und Paris« (1989) des bedeutenden ägyptischen Schriftstellers Taha Hussain (1889–1973) und gab gemeinsam mit Wolfgang Uhle die Bibliografie »Deutsche Autoren in arabischer Sprache, arabische Autoren in deutscher Sprache, Bücher über Deutsche und Deutschland in arabischer Sprache« heraus.

Sinngemäße deutsche Übersetzung des Heiligen Koran. Arabisch-Deutsch. Übersetzt von Moustafa Maher und mit einer Einleitung von Mahmoud Hamdi Zakzouk. Sprachliche Revision durch Elsa Maher und allgemeine Revision durch Ali Huber. Kairo: Al-Azhar-Universität 1999, 1344 Seiten (Format 25,0 x 17,5 cm), gebunden. ISBN 977-205-153-2. (Zweite Auflage 2007.)

AL-MUNTAKHAB. Auswahl aus den Interpretationen des Heiligen Koran. Arabisch-Deutsch. Übersetzt von Prof. Dr. Moustafa Maher. Herausgegeben von der Al-Azhar-Universität und dem Ministerium für Awqaf, Oberster Rat für Islamische Angelegenheiten. Kairo 1999, 1075 Seiten (Format 25,0 x 17,5 cm), gebunden. (Redaktion Ali Huber und Revision Elsa Maher.)

46 Ömer Öngüt (1927–2010)

wurde im heutigen Serbien geboren und lebte bis zu seinem Tod in Istanbul. Obwohl kolportiert wird, dass er Flickschuster und Analphabet gewesen sei, veröffentlichte er über zwanzig Bücher und vierzig Broschüren im Hakikat Verlag. Dem Leiter eines Sufi-Ordens musste das nicht peinlich sein, galt der Prophet ja selbst als jemand, der weder lesen noch schreiben konnte. Ömer Öngut veröffentlichte mit dreiundsiebzig Jahren das äußerst fragwürdige Buch »Das wahre Gesicht der Juden, Christen und Heuchler im ehrwürdigen Koran«.

Die unter seinem Namen erschienene Übersetzung des Koran stammt vermutlich von Moustafa Maher, denn Ömer Öngüt beherrschte kein Arabisch. In dem Verlag, in dem »Die erhabene Bedeutung des edlen Koran« 1999 erstmals erschien, wurde auch Ömer Öngüts Buch »Islam – Die Bestimmungen Allahs des Allmächtigen« nur ein Jahr später publiziert und 2012 neu aufgelegt. Darin heißt es: »Wenn ein Mensch stirbt, wird seine Seele von seinem Leib getrennt und existiert bis zum Jüngsten Tag in einem Zwischenzustand. Durch die Auferweckung wird ihr wieder ein Körper verliehen, der oft als eine neue Schöpfung vorgestellt wird. Die Menschen werden an jenem Tag barfuß, vollkommen nackt und unbeschnitten auferweckt.«

DIE ERHABENE BEDEUTUNG DES EDLEN KORAN. In deutscher Sprache übersetzt von Ömer Öngüt. Nach der Übersetzung (aus dem arabischen Original in die türkische Sprache) von Ahmet Yaldiz. Ankara/Türkei: Hakikat Yayincilik 1999, 583 Seiten (Format 21,0 x 13,5 cm). ISBN 894-74-4274-X.

47 Uthman Taha und Subhi Taha

Die Namen des Übersetzers und Kalligraphen waren nicht zu verifizieren. Vermutlich handelt es sich um ein Pseudonym, wobei der erste Name des Übersetzers an Uthman ibn Affan erinnert, der bei den Sunniten als der dritte rechtgeleitete Kalif gilt. Bedeutung erlangte Uthman bekanntlich vor allem dadurch, dass er den Koran in einer standardisierten Version aufzeichnen und andere Versionen, das heißt vor allem solche in anderen arabischen Dialekten, vernichten ließ. Dadurch machte er sich Feinde vor allem bei denen, die den Koran auswendig rezitieren konnten. Die von ihm redigierte Fassung verdrängte in der Folge andere Varianten des Koran, sodass heute nur noch seine übrig geblieben ist.

Ein Kalligraph Uthman Taha ist durchaus bekannter und vermutlich ist er tatsächlich gemeint. Uthman ibn Abduh ibn Husayn ibn Taha wurde 1934 im syrischen Aleppo geboren. Er studierte Arabisch, Islamwissenschaft und Malerei in Damaskus und erhielt dort ein Zertifikat in Kalligrafie von dem wohl berühmtesten Kalligrafen in der islamischen Welt, Hamid Al-Amidi (1891–1982). Später studierte er Kalligrafie auch bei Muhammad Ali al-Mawlawi, Ibrahim al-Rifa'i (Aleppo), Muhammad Badawi al-Diyrani (Damaskus) und Hashim al-Baghdadi (Istanbul). Seine erste handgeschriebene Kopie des Koran (Mushaf) fertigte er im Jahr 1970 an. Achtzehn Jahre später reiste er nach Saudi-Arabien und wurde Handschreiber und Kalligraf im saudi-arabischen »König-Fahd-Komplex« für Malerei und den Heiligen Koran.

QURÂN TAJWEED. Die annähernde Bedeutung in deutscher Sprache. [Verzeichnis der Themen des Koran]. Übersetzt von Utman Taha und Subhi Taha. Damaskus/Syrien: Dar-El-Maarifa 1999. 666 Seiten (Format 24,0 x 17,0 cm). ISBN 978-99-3390-023-6. (Die Neuauflage von 2011 umfasst 1.300 Seiten.) Subhi Taha (Pseudynom) und Abdullah Yusuf Ali (1872–1953) verantworten die englische Übersetzung dieser Koran-Ausgabe. Damaskus/Syrien: Dar-El-Maarifa 2003. 1.266 S.

V. In deutscher Sprache seit dem Beginn des 21. Jahrhunderts

Nach islamischer Zeitrechnung von 1420 bis 1435 AH

48 Amir Muhammad Adib Zaidan

wurde 1964 im syrischen Ruhaibeh geboren. Er kam als Neunzehnjähriger nach Deutschland und studierte Mathematik und Kunststofftechnik in Darmstadt, Heidelberg und Karlsruhe. Ab 1992 studierte er in Frankreich und Indien die Grundlagen der islamischen Religion und der Wissenschaften vom Koran in arabischer Sprache. Er wurde Koran-Übersetzer und Verfasser deutschsprachiger Bücher zum Islam und übersiedelte 2003 nach Wien. Ihm werden Verbindungen zur syrischen Muslimbruderschaft nachgesagt, denn Zaidan war bis mindestens 1993 Funktionär der Muslim Studenten Vereinigung und veröffentlichte dort 1996 eine Einführung in die islamischen gottesdienstlichen Handlungen und ein Jahr später eine Einführung in die Inhalte der islamischen Religion.

Ebenso engagierte er sich für das Islamische Konzil. 1994 gründete er mit Vertretern der evangelischen und katholischen Kirche und der islamischen Gemeinde die Islamisch-Christliche Arbeitsgemeinschaft in Hessen, deren muslimischer Vorsitzender er bis 2003 war. 2005 war er an der Organisation der ersten österreichischen Imamkonferenz und der Wiener Konferenz gegen weibliche Genitalbeschneidung beteiligt. Seit 2006 ist Zaidan Chefredakteur und Herausgeber der ersten deutschsprachigen Zeitung von Muslimen in Österreich, »Die Muslimische – Muslimische Allgemeine Zeitung«. Er ist nach eigenen Angaben zuständig für die Aus- und Weiterbildung islamischer Religionspädagogen in Österreich und veröffentlichte 2001 verfassungsrechtliche und integrative Aspekte zum islamischen Religionsunterricht.

Amir Muhammad Adib Zaidans Koran-Übersetzung von 2000 schlägt neue Wege ein, da der Übersetzer zentrale theologische Begriffe in ihrer arabischen Form stehen lässt, beispielsweise »iman« für Glaube oder »taqwa« für Gottesfurcht. Zaidan begründet in seiner Einleitung den neuen Ansatz im Umgang mit der islamischen Terminologie. Diese Herangehensweise scheint ihm unabdingbar, um einer Entstellung des koranischen Inhaltes und seiner Botschaft vorzubeugen.

Sein Text übernimmt also zahlreiche Fachbegriffe als Fremdwörter. So werden Begriffe wie »dschihad«, »iman«, »kufr«, »nifaq«, »wali«, oder »zakat« nicht übersetzt, sondern im Anhang erläutert. Das kann ein flüssiges Lesen erschweren. Neun Jahre nach der Erstveröffentlichung seiner Koran-Übersetzung erschien der Text in überarbeiteter Form als erster Band einer (von ihm) neu gegründeten Islamologischen Enzyklopädie des Islamologischen Instituts in Wien.

AT-TAFSIR. Eine philologisch, islamologisch fundierte Erläuterung des Koran-Textes. Offenbach: ADIB-Verlag 2000, 422 Seiten (Format 21 x 13,5 cm), gebunden. ISBN 978-3-934659-01-2.
AT-TAFSIR. Der Quraan-Text, seine Transkription und Übersetzung. Wien: Islamologisches Institut 2009, 1104 Seiten (Format 21,5 x 15,0 cm), gebunden. ISBN 978-3-902741-00-4.

49 Nadeem Elyas (geboren 1945)

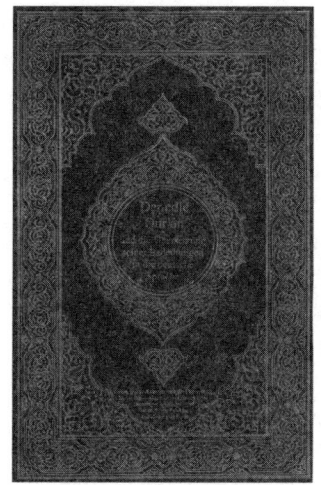

war von 1995 bis 2006 Vorsitzender des Zentralrats der Muslime in Deutschland, der mehr als fünfhundert der rund zweitausendfünfhundert deutschen Moscheen umfasst und den er ein Jahr zuvor mitbegründete. Im Rahmen seiner Arbeit initiierte er beispielsweise den Tag der offenen Moschee. Bereits 1964 verließ der Neunzehnjährige Saudi-Arabien, studierte Medizin und Islamwissenschaften in Köln und wurde schließlich Frauenarzt. Der sunnitische Muslim lebt heute in Eschweiler und bekennt sich öffentlich zu den Pflichten eines jeden Muslims. 1999 erhielt er den alternativen Friedenspreis. Laut NRW-Verfassungsschutz soll er Repräsentant der Muslimbruderschaft sein. Allerdings hat der in Mekka geborene Wahhabit wiederholt versichert, kein Mitglied dieser Gruppierung zu sein. Eine gewisse Problematik ergibt sich, wenn man »Salafisten« als Eigenbezeichnung der Wahhabiten betrachtet. Nadeem Elyas ist keinesfalls mit ideologisierten Islamisten vergleichbar, die man gemeinhin in einschlägigen Organisationen antreffen kann.

Abdullah Frank Bubenheim (geboren 1952 in Lindau)

konvertierte 1973 zum Islam und heißt heute Abdullâh as-Sâmit (Allahs schweigsamer Knecht). Er ist Übersetzer islamischer Texte und übertrug eine enorm große Anzahl von Schriften aus dem Arabischen ins Deutsche oder wirkte bei ihrer Abfassung mit. Außerdem arbeitete er freiberuflich als vereidigter Dolmetscher und Übersetzer für Arabisch. Seit 1993 lebt Abdullah Frank Bubenheim in Jordanien. Er erhielt eine Lizenz für die Rezitation des Koran (idschâza) und verfasste ein Buch über »Die Regeln der Koranrezitation« (2000).

Die gemeinsame Koran-Übersetzung von Bubenheim und Elyas ist eine vom saudischen Religionsministerium in Auftrag gegebene und beglaubigte Version und daher einem traditionalistischen Koran-Verständnis verpflichtet. Der Text enthält eine ausführliche Kommentierung sowie Übersetzungsalternativen bei uneindeutigen Stellen. Der Versuch, möglichst nah am Text zu übersetzen, ist gewöhnungsbedürftig, die Übersetzung dennoch gut lesbar, wenngleich sie Alltagssprache vermeidet. Die vom 1982 gegründeten und 1984 eröffneten saudi-arabischen »König-Fahd-Komplexe zum Druck des Koran« kostenlos herausgegebene Übersetzung darf unentgeltlich und ohne Genehmigung vervielfältigt und verteilt werden. Dem eigentlichen Koran-Text ist ein Vorwort (muqaddima) des saudi-arabischen Ministers für islamische Angelegenheiten vorangestellt. Diese neue Übertragung berücksichtigt viele Kritikpunkte an den bisherigen Übersetzungen. Sie beschränkt sich auf eine Druckseite Übersetzung pro Druckseite Originaltext; zusätzliche Anmerkungen, Erläuterungen und Quellenhinweise werden im Anhang angeführt. Damit ist der Text großzügig gesetzt und aufwendig gedruckt. Unter den muslimischen Übersetzungen ist sie die wohl sorgfältigste und differenzierteste.

DER EDLE KORAN UND DIE ÜBERSETZUNG SEINER BEDEUTUNG IN DIE DEUTSCHE SPRACHE. Aus dem Arabischen von [Scheich] Abdullah as-Samit [Frank Bubenheim] und [Dr.] Nadeem Elyas unter Aufsicht des Islamischen Zentrums Aachen (Bilal-Moschee), durchgesehen von Dr. Abd ar-Radi Mouhammed Abd Al-Muhsin (König-Fahd-Komplex). Herausgeber: König Fahd ibn Abd al-Aziz Al Sa'ud von Saudi Arabien. Al-Madina al-Munauwara/Saudi-Arabien: König-Fahd-Komplex zum Druck vom Qur'ân 2002, 656 Seiten, davon 28 Seiten Einführung und Vorwort (Format 22,0 x 15,0 cm), gebunden. (Kostenlose Ausgabe.)

DER KORAN AUF DEUTSCH. Überarbeitung. Igratus Poemas, Abdullah Frank Bubenheim, Nadeem Elyas. Norderstedt: Books on Demand 2011, 72 Seiten. (Format 22,0 x 17,0 cm), broschiert. ISBN 978-3-8370-4986-2. (Sechste Auflage.) Diese Ausgabe ist aufgrund der Schriftgröße und des lieblosen Druckbildes mühsam zu lesen und hat mit der erstgenannten Publikation nur noch wenig zu tun. (Auch werden die Suren hier nicht in der traditionellen Chronologie präsentiert.) Ein »privates Vorwort« stiftet eher Verwirrung als Aufklärung.

50 Hans Zirker

1935 in Ludwigshafen geboren, absolvierte Hans Zirker eine Ausbildung zum Pädagogen. Von 1954 bis 1962 studierte er Philosophie, katholische Theologie, Germanistik und semitische Sprachen in Mainz und München. 1964 schloss er mit dem Staatsexamen für die Fächer katholische Religionslehre, Deutsch, Philosophie und Hebräisch ab. Im gleichen Jahr promovierte er in katholischer Theologie. Bis 1971 war er als Gymnasiallehrer tätig und von 1971 bis 1974 als Fachleiter für katholischen Religionsunterricht am Institut für Lehrerfortbildung und Lehrerweiterbildung in Mainz beschäftigt. Dann erhielt er einen Ruf auf eine Professur an der Pädagogischen Hochschule in Neuss, an der er bis 1980 als Professor für katholische Theologie und ihre Didaktik lehrte. Von 1980 bis 1993 war er Universitätsprofessor für katholische Theologie mit dem Schwerpunkt Fundamentaltheologie an der Universität Duisburg, von 1993 bis zu seiner Emeritierung im Jahr 2000 Professor für Theologie und ihre Didaktik an der Universität Duisburg-Essen mit den Schwerpunkten Islam und theologische Hermeneutik.

Insbesondere das Verhältnis von Christentum und Islam in geschichtlicher Hinsicht interessiert Hans Zirker. Der Islam als ein Element jüdisch-christlicher Wirkungsgeschichte, besonders christlicher Dogmengeschichte, deren wechselseitige Wahrnehmungen und Urteilsmuster in Geschichte und Gegenwart fordern sein Denken, ebenso die hermeneutische Perspektive als eine Verständnisvoraussetzung bei der Rede von Gott und Mensch, Welt und Geschichte und dem individuellen Leben in gesellschaftlicher Hinsicht. Hier forscht Zirker nach den Konfliktformen von Religion und neuzeitlicher Gesellschaft unter den Bedingungen von Säkularisierung, gesellschaftlicher Pluralität und demokratischem Staat, überdies nach den Erscheinungsformen und Begründungsmustern für den Fundamentalismus.

Er veröffentlichte unter anderem die Bücher »Islam. Theologische und gesellschaftliche Herausforderungen« (1993) und »Christentum und Islam. Theologische Verwandtschaft und Konkurrenz« (1989). Seine Koran-Übertragung aus dem Jahr 2003, inzwischen in dritter, erneut revidierter Auflage 2010 erschienen, bietet eine fundierte Übersetzung, die philologisch auf dem neuesten Stand ist. Sie wird neben der Übersetzung von Rudi Paret in der Islamwissenschaft häufig benutzt. Hans Zirker bemüht sich um Lesbarkeit in einem zeitgemäßen Deutsch und um eine Annäherung an den koranischen Sprachduktus, ohne dabei zu stark vom Wortsinn abzuweichen. Er möchte den ursprünglichen »Klangkörper« des Originals bewahren, kann diesen aber nicht übertragen und konzentriert sich darum auf den semantischen Gehalt dieses »Glaubensbuches«. Seine Sprache ist gehoben und sachlich, und er verzichtet gänzlich auf erklärende Hinweise, ausführliche Kommentare und ein Register zu diesem »Werk der Weltliteratur«. Nach seiner Aussage ist der Koran für viele Nichtmuslime eher schwer zugänglich. Zirker spürt Verständnisschwierigkeiten auf und möchte auf diese Weise einen Beitrag zum interreligiösen Lernen leisten.

DER KORAN. Übersetzt und eingeleitet von Hans Zirker. Darmstadt: Wissenschaftliche Buchgesellschaft (Primus Verlag) 2010, 387 Seiten (Format 24,5 x 17,0 cm), gebunden. ISBN 978-3-89678-700-2. (Zuerst 2003, zweite Auflage 2007 und hier dritte überarbeitete Auflage.)

DER KORAN. Zugänge und Lesarten von Hans Zirker. Darmstadt: Wissenschaftliche Buchgesellschaft (Primus Verlag) 2012, 282 Seiten (Format 25,0 x 17,5 cm), gebunden. ISBN 978-3-65024-987-6. (Zuerst 1999, hier zweite vollständig neu bearbeitete und erweiterte Auflage.)

51 Al-Fadschr

ist die arabische Bezeichnung der Morgendämmerung und des islamischen Ritualgebets zu dieser Tageszeit; zugleich der Titel einer Zeitschrift für (junge) Muslime des Islamischen Zentrums in Hamburg (IZH). Das IZH ist eine der ältesten islamischen Institutionen Europas. Es ist Träger der Imam-Ali-Moschee an der Hamburger Außenalster im Bezirk Uhlenhorst. Deren Gemeinde ist schiitisch und hat enge Kontakte zum Iran. Das IZH ist das Zentrum des schiitischen Islam in Deutschland und dem geistlichen Oberhaupt des Iran direkt unterstellt. Es steht unter Beobachtung des Hamburger Landesamtes für Verfassungsschutz. In bislang 117 Teilen (seit Oktober 2004) werden die Suren in Abschnitten übersetzt und in der Zeitschrift »Al-Fadschr« publiziert.

AL-FADSCHR / DIE MORGENDÄMMERUNG. Hamburg: Islamisches Zentrum. ISSN 0177-5324.

52 Qurân Tagwid

Auf den Übersetzer dieser Koran-Ausgabe findet sich kein Hinweis. Vermutlich handelt es sich um einen schiitischen und nicht sunnitischen Übersetzer. Der Text enthält Hinweise bezüglich des Alphabets und dessen Aussprache sowie zum Aufbau des Buches. Der Abdruck des Koran-Textes erfolgt im arabischen Original und in deutscher Übersetzung.

Laut islamischer Theologie ist der Koran eigentlich nicht übersetzbar, gilt der Text doch nur im arabischen Original als authentisch dokumentierte Fassung jener Offenbarungen, die Allah über den Erzengel Gabriel dem Propheten Muhammad vor knapp eintausendvierhundert Jahren übermittelt hat. Deshalb lernen Muslime weltweit die Rezitation des Originals. Dennoch gibt es seit über achthundert Jahren verschiedene Übersetzungsversuche, die erste deutsche Übertragung lag bekanntermaßen bereits vor vierhundert Jahren vor. Die Spannbreite dieser »tafsîr«-Ausgaben reicht von polemisch abwertenden über romantisch verklärende bis zu philologisch genauen Übertragungen. Das Wort »tafsîr« meint Koran-Exegese, und der Terminus »tagwid« bedeutet Koran-Umschrift. Diese Fassung, die in verschiedenen arabischen Ländern in unterschiedlichen Ausgaben gedruckt wird, folgt der Edition und dem Schriftbild des Al-Azhar-Koran.

QURÂN TAGWID – TADCHWID AL-QUR'ÂN. Mit lateinischer Schreibweise (Transliteration) und einer ungefähren Bedeutung in deutscher Sprache. Beirut/Libanon: Al-Iman-Verlag 2005, 605 Seiten (Format 16,5 x 17,5 cm), gebunden. ISBN 978-3-933196-44-6.

53 Lamya Kaddor (geb. 1978)

ist eine deutsche muslimische Religionspädagogin, Islamwissenschaftlerin und Autorin syrischer Herkunft. Sie ist Erste Vorsitzende des Liberal-Islamischen Bundes (LIB). Kaddor studierte Arabistik, Islamwissenschaft, Pädagogik und Komparatistik. Von 2004 bis 2007 arbeitete sie als Wissenschaftliche Assistentin am ersten in der Bundesrepublik Deutschland eingerichteten theologischen Lehrstuhl für die Religion des Islam an der Universität Münster. 2008 vertrat sie hier die neue Professur für Islamische Religionspädagogik. An der Seite von Thomas Bauer, dem Leiter des Instituts für Arabistik und Islamwissenschaft der Universität Münster, baute sie das Centrum für Religiöse Studien auf, an dem beide Professuren angesiedelt sind. 2008 wurde ihr vorgeworfen, Forschungsgelder veruntreut zu haben. Dieser Vorwurf konnte nicht erhärtet werden, und sie kam mit ihrer Kündigung einer Entscheidung der Universität Münster zuvor.

Lamya Kaddor nimmt eine vermittelnde Position zwischen säkularen und traditionalistischen Gläubigen ein. Sie tritt insbesondere für die Einführung eines islamischen Religionsunterrichts in deutscher Sprache an öffentlichen Schulen ein. Dabei geht es ihr um eine religiöse Wissensvermittlung im Rahmen eines staatlichen Religionsunterrichts an staatlichen Schulen anstelle einer reinen Erziehung zum Glauben, so wie diese etwa in Koran-Schulen angeboten wird.

Rabeya Müller (geb. 1957)

ist eine deutsche Islamwissenschaftlerin, muslimische Theologin und Religionspädagogin. Sie ist Leiterin des Instituts für interreligiöse Pädagogik und Didaktik (IPD) in Köln und stellvertretende Vorsitzende des Zentrums für islamische Frauenforschung und Frauenförderung. Nachdem die getaufte Katholikin Ende der siebziger Jahre zum Islam konvertierte, publizierte sie Arbeiten über die Stellung der Frau im

Islam, über das Leben der Muslime in Deutschland und zu weiteren auf den Islam bezogenen Themen. Rabeya Müller ist Mitglied des Beirats zum Lehrstuhl für die Religion des Islam des Centrums für Religiöse Studien an der Universität Münster und Gründungsmitglied des Liberal-Islamischen Bundes (LIB).

Die von Kaddor und Müller verantwortete Ausgabe des Koran für Kinder und Erwachsene empörte konservative Muslime vor allem in der Hinsicht, dass beide Herausgeberinnen das »Wort Gottes« nach eigenem Ermessen neu zusammengefügt und zudem Abbildungen des Propheten (Bilder aus osmanischen und persischen Miniaturarbeiten) in den Text eingefügt haben. Weil der Verlag darauf bestand, auch das arabische Original der ausgewählten Koran-Verse aufzunehmen, werden diese zweisprachig abgedruckt. In einer Zeitungsbesprechung war zu lesen: »Koran light – ohne Prügelvers und Jungfrauen. Zwei deutsche Muslima haben einen Koran für Kinder und Erwachsene herausgebracht. Mit der liberalen Note ihres Buches verärgerten sie sowohl Islamkritiker als auch traditionelle Muslime. So werden die im Paradies wartenden Huris in der Übersetzung nicht Jungfrauen genannt, sondern Partner.«

DER KORAN. FÜR KINDER UND ERWACHSENE. Erklärt von Lamya Kaddor und Rabeya Müller. Mit Illustrationen von Karl Schlammlinger. München: Beck 2008, 236 Seiten (Format 24,0 x 15,0 cm). ISBN 978-3-406-57222-7. (Dritte Auflage 2010.)
DER ISLAM. FÜR KINDER UND ERWACHSENE. Erklärt von Lamya Kaddor und Rabeya Müller. Mit Illustrationen von Alexandra Klobouk. München: Beck 2012, 176 Seiten (Format 24,0 x 15,0 cm). ISBN 978-3-406-64016-2.

54 Muhammad Asad (1900-1992)

wurde im galizischen Lemberg als Leopold Weiss geboren. Er war zunächst Korrespondent für die »Frankfurter [Allgemeine] Zeitung«, dann Diplomat und zuletzt islamischer Gelehrter. Sein Vater war Rabbiner, darum sprach der Sohn Hebräisch und verfügte über umfangreiche Tora-Kenntnisse. 1914 floh die Familie nach Wien, wo Asad später Psychoanalyse und Philosophie studierte. 1920 ging er nach Berlin, bis er zwei Jahre später auf Einladung seines Onkels über Kairo nach Palästina gelangte und den Orient bereiste. 1927 brach er zu seiner ersten Haddsch auf, nachdem er ein Jahr zuvor in der Islamischen Gemeinde in Berlin zum Islam konvertiert war. Für die »Frankfurter Zeitung« war er als Sonderberichterstatter tätig.

Muhammad Asad war einer der bedeutenden islamischen Autoren seiner Zeit und schrieb Bücher und zahlreiche Essays über Weltbild, Recht und Philosophie des Islam. Seine Autobiografie »Der Weg nach Mekka« (1955), nicht nur in Fachkreisen ein Bestseller, machte ihn bekannt. Asad war Berater des saudischen Königs Ibn Saud, war beteiligt an der Staatsgründung Pakistans und wurde 1952 dessen Botschafter bei der UNO in New York. Asad verfolgte eine aufgeklärte Linie, repräsentierte einen europäischen Islam und nutzte sein geistiges Potential zu dessen Erneuerung. Von 1964 bis 1983 lebte er im marokkanischen Tanger. 1992 wurde er auf dem muslimischen Friedhof in Granada beigesetzt.

Sein Opus magnum ist eine kommentierte englischsprachige Übersetzung des Koran, für die er zwei Jahre Arbeit veranschlagt hatte, aber siebzehn Jahre benötigte. Im Jahr 1980 schließlich erschien »The Message of the Qur'an«. Einige Fachleute halten das Werk für die derzeit beste Koran-Übersetzung. Sie wurde in viele weitere Sprachen übertragen, so 2003 ins Deutsche; diese Übertragung erschien aber erst 2009 als Buch.

Muhammad Asad zeigte sich gegen Ende seines Lebens enttäuscht vom Zustand der islamischen Welt, von ihrer intellektuellen Abschottung und von der Intoleranz der Extremisten. Er war Weltreisender, Journalist, Linguist, Übersetzer, Sozialkritiker, Reformist, Diplomat, Politologe und Theologe, ein Grenzgänger zwischen der islamischen und der westlichen Welt. Gemeinsamer Nenner seiner Aktivitäten war sein Streben nach einem gegenseitigen Verständnis zwischen der islamischen Welt und dem Westen und seine intellektuelle Herangehensweise. Am 14. April 2008 erhielt der Platz vor dem Haupteingang der UNO-City in Wien zu seinen Ehren den Namen »Muhammad-Asad-Platz«.

Die Botschaft des Koran. Übersetzung und Kommentar von Muhammad Asad. Aus dem Englischen übersetzt von Ahmad von Denffer und Yusuf Kuhn. Die Durchsicht des arabischen Textteils besorgte Habib el Mallouki. Düsseldorf: Patmos 2009, 1262 Seiten (Format 22,5 x 15,5 cm), gebunden. ISBN 978-3-491-72540-9. (Zweite unveränderte Auflage 2011.) Neue ISBN 978-3-8436-0109-2. (Die Originalausgabe von »The Message of the Koran« erschien 1980 bei »The Book Foundation« in Bristol.)

55 Michael Celler (geboren 1950)

hielt sich zu – nicht näher von ihm beschriebenen – Studienzwecken in Indien und Pakistan auf, arbeitete als Vertriebsmanager im Nahen und Mittleren Osten und ist heute als Industrieberater tätig. Auf einem Interkontinentalflug hatte er die Idee zu einer Publikation, mit der man sich in kurzer Zeit in den Koran einlesen könne. Der so entstandene Text ist keine wissenschaftliche Übersetzung, sondern eine Art Einführung in den Koran. Nach eigener Auskunft hat Celler das Manuskript von einem Islamwissenschaftler durchsehen lassen.

»Der Koran für Nichtmuslime« sei kein Buch über den Koran, sondern der Koran selbst, so Michael Celler, denn »alle Suren kommen darin vor. Man könnte dieses Buch auch als deutsche Volksausgabe des Korans bezeichnen, denn nach seiner Lektüre hat der nichtmuslimische Leser ein umfassendes Bild vom Wesen des Islam.« Verse, die dem Autor für das Verständnis des Islam unwichtig erschienen, wurden herausgenommen, und einige religiöse Grundaussagen, die im Koran häufig wiederholt werden, tauchen nur einmal oder lediglich wenige Male auf.

Der Koran-Text wurde, um ihn besser verständlich zu machen, modern formuliert. So könne »Der Koran für Nichtmuslime« vom deutschsprachigen Leser flüssig gelesen werden, verspricht der Übersetzer. Um den Leser in die Denkweise der Muslime einzuführen, wird der Koran-Text dort, wo es angebracht erscheint, durch Fußnoten erläutert. Darüber hinaus werden in Einzelartikeln wichtige islamische Themenbereiche zusammenfassend dargestellt. In den Fußnoten werden zudem wiederholt Querverweise zum Judentum und zum Christentum eingefügt. Für wissenschaftliche Zwecke ist diese Ausgabe allerdings ungeeignet.

DER KORAN FÜR NICHTMUSLIME. Neu formuliert und kommentiert von Michael Celler. Frankfurt am Main: Hans-Jürgen Maurer 2009, 396 Seiten (Format 23,0 x 16,5 cm), gebunden. ISBN 978-3-929345-45-2.

56 Ahmad Milad Karimi (geb. 1979)

ist ein afghanisch-deutscher Religionsphilosoph und Islamwissenschaftler, zudem Dichter, Verleger und Mitherausgeber der Zeitschrift »Kalliope«. Geboren als Sohn afghanischer Eltern, der Vater war Schulleiter und die Mutter Zahnärztin, flüchtete er aufgrund des Krieges mit seiner Familie über Indien, Russland, und Kasachstan nach Europa. Nach dieser langen Odyssee fand er mit fünfzehn Jahren in Darmstadt seine neue Heimat, wo er deutscher Staatsbürger wurde und sein Abitur machte. Später studierte er Philosophie und Islamwissenschaft in Darmstadt, Freiburg und Neu Delhi. 2001 war er Stipendiat der Studienstiftung des Deutschen Volkes.

Zu seinen Hauptarbeitsgebieten im Bereich der Philosophie zählen der deutsche Idealismus und besonders das Hegelsche Werk, die Existenzphilosophie, die Arbeiten Martin Heideggers und die islamische Philosophie. Im Bereich der Islamwissenschaft beschäftigt er sich seit Jahren mit dem Koran und dem Sufismus, hier mit dem Werk von Abu Hamid Muhammad ibn Muhammad Al-Ghazali (1058–1111), Dschalal ad-Din ar-Rumi (1207–1273) und Fariduddin Attar (1136–1221), und mit der Wirklichkeit und den Möglichkeiten eines modernen und lebendigen Islam in der europäischen Gegenwart. Er schreibt derzeit an seiner philosophischen Dissertation.

Als bekennender Muslim legt Ahmad Milad Karimi eine poetische und wortgetreue Übersetzung des Koran vor. Er sucht in seiner Arbeit konsequent die größtmögliche Nähe zum Original und betont dabei die poetische Qualität des Koran-Textes. Für ihn steht neben der philologischen Genauigkeit vor allem die ästhetische Atmosphäre der Koran-Rezitation im Mittelpunkt. Es geht ihm um die Vermittlung jener ästhetisch-poetischen Erfahrung, welche die Religiosität der Muslime grundlegend bestimmt. Entsprechend ist seine Übersetzung erklärtermaßen für die Rezitation bestimmt und darum mit Atemzeichen versehen. Indem Karimi in seiner Übersetzung ausdrücklich vermeidet, sperrige oder dunkle Passagen zu glätten oder verständlicher machen zu wollen, möchte er dem Leser die Idee des Koran als eines offenen, ästhetischen und poetischen Kunstwerks vermitteln.

Bernhard Uhde

ist Professor am Institut für Systematische Theologie der Universität Freiburg. Er wurde 1948 in Augsburg geboren, studierte katholische Theologie, Philosophie, Religionswissenschaften und alte Geschichte in Mainz und Freiburg. 1973 wurde er mit einer philosophischen Arbeit über »Erste Philosophie und menschliche Unfreiheit« an der Universität Freiburg promoviert. Seine Dissertation wurde 1977 mit dem Preis der Wissenschaftlichen Gesellschaft ausgezeichnet. 1982 habilitierte er sich für das Fach Religionsgeschichte ebenfalls in Freiburg mit der Schrift »Gegenwart und Einheit. Versuch über Religion«.

Bernhard Uhde ist seit 2001 Professor an der Universität Freiburg für das Fach Religionswissenschaft und seit 2004 Honorarprofessor an der katholischen Hochschule Freiburg für die Fächer Religionswissenschaft und Religionsphilosophie. Seit 2011 arbeitet er als Honorarprofessor für das Fach Interreligiöse Kommunikation an der Deutschen Universität zu Eriwan in Armenien sowie als Honorarprofessor für die Fächer Religionswissenschaft und Religionsphilosophie an der Universität zu Tiflis in Georgien. Außerdem ist er Gastprofessor an der Fakultät für römisch-katholische Theologie der Universität Klausenburg in Rumänien.

Uhde ist zudem an verschiedenen anderen Instituten als Referent tätig. Er ist seit 2003 Mitglied des Kuratoriums der Stiftung des Landes Baden-Württemberg »Humanismus heute«. Ebenso wie Angelika Neuwirth ist er seit 2006 für die »Edition Forum Humanum« tätig, die mit Förderung der »Udo Keller Stiftung Forum Humanum« zu Neversdorf in Zusammenarbeit mit dem neu begründeten »Verlag der Weltreligionen« die Herausgabe bedeutender Texte aus den Weltreligionen vornimmt. Seit 2010 bereitet er ein berufsbegleitendes Kontaktstudium für Spiritualität und Interkulturalität an der Universität Freiburg vor. 2008 wurde Uhde für seine vielfältigen Verdienste um den interreligiösen Dialog im In- und Ausland mit dem Bundesverdienstkreuz ausgezeichnet. Ihn interessiert das Verhältnis der anderen Weltreligionen zum

Islam, darum begleitete er diese Koran-Ausgabe wissenschaftlich und steuerte eine fundierte Einführung bei.

DER KORAN. Vollständig und neu übersetzt von Ahmad Milad Karimi. Mit einer Einführung herausgegeben von Bernhard Uhde. Freiburg: Hermann Herder 2009, 576 Seiten (Format 22,0 x 15,5 cm), gebunden. ISBN 978-3-451-30292-3.

57 Lathe Biosas (Pseudonym)

Der Begriff »lathe biosas« geht auf Epikur zurück und bedeutet so viel wie Rückzug ins Privatleben. In der Garten-Moschee Münster arbeitet ein Jamaluddin Lathe Biosas über Koran-Ausgaben und vergleicht jüngste Übersetzungen miteinander. Auf seiner Internet-Website veröffentlicht eine weitere Person unter dem Pseudonym Lathe Biosas fortlaufend seine sprachästhetische, texttreue Koran-Übertragung unter dem Titel »Der Edle Koran in schönem Deutsch«. Sein Hauptanliegen sei es, die gewaltige Sprachmacht des arabischen Originals auch im Deutschen erlebbar zu machen. Kriterien seiner Übersetzungsarbeit sind Werktreue, Authentizität, Originalität und sprachpoetische Schönheit. Er versucht, die Assonanzen am Ende der Koran-Verse ins Deutsche zu übertragen. So folgt die erste Sure auf der Startseite mit ihrem Reimschema »em« und »en« dem Original mit den Assonanzen »im« und »in«.

Lathe Biosas wagt den Spagat zwischen den Kriterien der Texttreue und anspruchsvoller sprachlicher Gestaltung. Die angemessene Berücksichtigung beider Kriterien führt gelegentlich zu sprachlichen Neubildungen oder veralteten Ausdrücken. Er versteht seine Unternehmung als west-östliches, diskursives Kooperationsprojekt mit dem Anliegen, eine sprachästhetisch anspruchsvolle und zugleich texttreue sowie einem muslimischen Koran-Verständnis zugängliche Übersetzung zu liefern, unter Einbeziehung von Erkenntnissen aus der modernen Übersetzungstheorie. Die Übertragung von Lathe Biosas ist in zehn Teilen erschienen, der zehnte Teil (Suren 58 bis 114) zuletzt im Jahr 2010.

Diese Koran-Übersetzung ist bisher nur Internet einsehbar unter *www.koranuebersetzung.de* oder *www.quranenquell.de*.

58 Hartmut Bobzin (geb. 1946)

studierte von 1966 bis 1973 evangelische Theologie, Religionswissenschaften, Semitistik und Indologie an der Universität Marburg an der Lahn, wo er 1974 promovierte. Nachdem er im Rahmen eines Studienaufenthalts in Damaskus (bis 1976) Arabistik studierte, ging er an die Universität Erlangen-Nürnberg und wurde dort 1981 Akademischer Rat. 1986 habilitierte er sich für das Lehrgebiet semitische Philologie und Islamwissenschaft mit der Schrift »Der Koran im Zeitalter der Reformation«, für die er den Habilitationspreis der Fakultät erhielt. Im Jahr 1992 trat er eine Professur für Islamwissenschaft an. Seit 2003 ist Hartmut Bobzin außerdem ordentliches Mitglied der Philosophisch-Historischen Klasse der Bayerischen Akademie der Wissenschaften. Von 2002 bis 2006 war er Prorektor der Universität Erlangen-Nürnberg und zuständig für internationale Beziehungen. 2007 wurde er Senior Fellow am Alfried Krupp Wissenschaftskolleg.

Zu seinen Hauptarbeitsgebieten zählen die Koran-Forschung und die Rezeptionsgeschichte des Islam in Europa. Hartmut Bobzin ist Mitbegründer der »Zeitschrift für arabische Linguistik« und Mitherausgeber der »Diskurse der Arabistik«. Sein besonderes Interesse gilt dem orientalistischen Werk Friedrich Rückerts, der von 1826 bis 1841 in Erlangen orientalische Sprachen lehrte. Dessen dort entstandene Koran-Übersetzung (1888), die besonders für ihre poetische Sprache berühmt ist, gab Hartmut Bobzin vor zwanzig Jahren neu heraus.

Bobzin orientiert sich in seiner eigenen Übertragung gelegentlich am Rückert'schen Text, berücksichtigt dabei aber nicht durchgehend die Reimstruktur aller Suren. Das überzeugt im Großen und Ganzen, aber nicht immer. Nach seiner Selbstauskunft »entstand der Gedanke, mit einer eigenen Koranübersetzung zu beginnen, die philologische Zuverlässigkeit mit guter Lesbarkeit verbindet und zugleich der sprachlichen Schönheit des Originals nahezukommen versucht.«

Es ist inzwischen ein Allgemeinplatz, dass das Verhältnis zum Islam gelegentlich unter Missverständnissen leidet, auch deshalb, weil man den koranischen Offenbarungstext kaum kennt. Hartmut Bobzin will mit seiner Neuübersetzung dieser Schrift neue Brücken bauen, zumindest kleine Stege zwischen Islam und Christentum.

DER KORAN. Aus dem Arabischen neu übertragen von Hartmut Bobzin unter Mitarbeit von Katharina Bobzin. Mit 119 Kalligraphien von Shahid Alam. München: Beck 2010, 831 Seiten. (Format 24,5 x 16m0 cm) Gebunden. (Neue Orientalische Bibliothek.) ISBN 978-3-406-58044-4 (Leinenausgabe) ISBN 978-3-406-58799-3 (Lederausgabe) ISBN 978-3-406-59600-1 (Vorzugsausgabe im Schuber).

TASCHENBUCHAUSGABE. Mit durchgesehener Übersetzung, überarbeitetem Nachwort und ohne Erläuterungen und Glossar. München: Beck 2012, 640 Seiten. (Format 18,0 x 12,0 cm), broschiert. ISBN 978-3-406-64047-6. (Beck'sche Reihe 6057).

DER KORAN. EINE EINFÜHRUNG. München: Beck 2000 (sechste durchgesehene Auflage 2006), 129 Seiten (Format 18,0 x 12,0 cm), broschiert. ISBN 978-3-406-43309-2. (Beck'sche Reihe 2109.)

MOHAMMED. München: Beck 2000 (vierte durchgesehene Auflage 2011), 128 Seiten (Format 18,0 x 12,0 cm), broschiert. ISBN 978-3-406-44744-0. (Beck'sche Reihe 2244.)

KORANLESEBUCH. Die schönsten Texte des Korans neu übersetzt und kommentiert von Hartmut Bobzin. Freiburg: Herder 2005, 251 Seiten (Format 22,0 x 14,5 cm), gebunden. ISBN 978-3-451-29937-7. (Neuausgabe 2008.)

59 Luise Becker (geb. 1939)

ist Islamwissenschaftlerin und Pädagogin und arbeitet am Zentrum für Islamische Frauenforschung und Frauenförderung in Köln; sie ist außerdem Mitglied der Interreligiösen Konferenz europäischer Theologinnen. Nach eigener Auskunft bezieht sich Luise Becker auf die Koran-Übersetzung von Max Henning in der Bearbeitung von Murad Wilfried Hofmann. Sie habe einen Appendix erarbeitet und die genannte Übersetzung schülergerecht aufbereitet. Jede Sure werde von ihr thematisch eingeleitet und das Gesamtwerk von einem Glossar ergänzt. Ziel ihrer Edition, die eigentlich keine eigene Übersetzungsleistung ist, sei es, »muslimischen Familien, Pädagogen und Jugendlichen wie allen am Thema Interessierten im deutschsprachigen Raum eine Koran-Edition an die Hand geben zu können, die philologischen Kriterien genügt und dennoch ein Buch zum Lesen, Lernen und Leben ist«. Beckers Buch war ursprünglich für Frühjahr 2010 angekündigt und soll nun 2013 erscheinen.

DER KORAN. Mit Erläuterungen für den Unterricht. Zweisprachige Ausgabe in Arabisch und Deutsch. Übersetzt von Luise Becker. München: Eugen Diederichs 2013, 1.200 Seiten (Format 21,5 x 14,0 cm), gebunden. ISBN 978-3-424-35040-1.

60 Angelika Neuwirth (geb. 1943)

ist eine deutsche Geistes- und Kulturwissenschaftlerin. Sie ist Professorin und inzwischen emeritierte Inhaberin des Lehrstuhls für Arabistik an der Freien Universität Berlin. Sie studierte 1963 persische Sprache und Literatur an der Universität Teheran, von 1964 bis 1967 Semitistik und Arabistik und klassische Philologie in Göttingen und von 1967 bis 1970 Arabistik und Islamwissenschaft in Jerusalem. Sie schloss ihr Studium 1970 mit einem Magister Artium an der Hebrew University of Jerusalem ab. 1972 wurde sie in Göttingen mit einer Arbeit über Abd al-Latif al-Baghdadis (1163–1231) Bearbeitung des Buches »Lambda« der aristotelischen Metaphysik promoviert.

Von 1972 bis 1975 hatte Angelika Neuwirth ein DFG-Habilitationsstipendium. Sie habilitierte sich 1977 in München in Arabistik und Islamwissenschaft mit eigenen »Studien zur Komposition der mekkanischen Suren« und lehrte sechs Jahre als Gastprofessorin an der University of Jordan in Amman. 1984 erhielt sie ein Heisenberg-Stipendium und eine Dozentur an der Universität München. Von 1983 bis 1984 hatte sie eine Lehrstuhlvertretung an der Universität Bochum inne. Bis 1991 war sie Inhaberin der Fiebinger-Professur für Arabistik an der Universität Bamberg. 1988 und 1989 hatte sie Kurzzeitprofessuren an der Ain-Shams-University in Kairo und seit 1991 einen Lehrstuhl an der Freien Universität Berlin. Von 1994 bis 1999 war sie Direktorin des Orient-Instituts der Deutschen Morgenländischen Gesellschaft in Beirut und Istanbul.

2000 kehrte sie bis zu ihrer Emeritierung 2011 auf ihren Lehrstuhl nach Berlin zurück. Seit 2003 ist sie Leiterin des Projekts »Jüdische und Islamische Hermeneutik als Kulturkritik« am Wissenschaftskolleg Berlin. 1996 erhielt sie das Bundesverdienstkreuz für Verdienste um die kulturelle Zusammenarbeit zwischen Deutschland und dem Libanon. Seit 2008 ist sie Mitglied der Deutschen Akademie der Naturforscher

Leopoldina. Ihre Forschungsschwerpunkte sind Koran und Koran-Exegese, moderne arabische Literatur der Levante, palästinensische Dichtung und die Literatur des israelisch-palästinensischen Konflikts. In Kooperation mit der Berlin-Brandenburgischen Akademie der Wissenschaften erarbeitet sie einen historisch-kritischen Koran-Text.

In ihrem 2010 im Verlag der Weltreligionen erschienenen Buch »Der Koran als Text der Spätantike« legte Angelika Neuwirth die Grundlage für ihre fünfbändige Übersetzung und Kommentierung des Koran. Der 2011 folgende erste Band enthält die Anfänge der Verkündigung Muhammads, also die »frühmekkanischen Suren«. In chronologischer Ordnung, beginnend mit der (mutmaßlich) ältesten Sure 93 »al-duhâ« (Der helle Morgen), analysiert und deutet Angelika Neuwirth die Entwicklung dieser prophetischen Botschaft. Der zweite Band – der 2014 erscheint – verzeichnet die »mittelmekkanischen Suren« und präsentiert diese mit einem Handkommentar. Jede Sure wird in Umschrift und neuer Übersetzung vorgestellt und eingehend kommentiert. Herzstück eines jeden Surenkommentars ist eine Vers-für-Vers-Auslegung, in der neben sprachlichen und inhaltlichen Erläuterungen die denkerische Auseinandersetzung mit der religiösen Umwelt sowie die innerkoranische Weiterentwicklung zentraler Themen nachgezeichnet werden. Tilman Nagel urteilte 2011 in einer Besprechung zum ersten Band: »Im Materialreichtum und in der Vielfalt der zusammengetragenen philologischen Erkenntnisse übertrifft dieser Handkommentar alle vergleichbaren in europäischen Sprachen vorliegenden Werke.«

Zuvor erschienen: STUDIEN ZUR KOMPOSITION DER MEKKANISCHEN SUREN. Die literarische Form des Koran – ein Zeugnis seiner Historizität? (Zweite, durch eine korangeschichtliche Einführung erweiterte Auflage). Berlin und New York: de Gruyter 2007, 437 Seiten (Format 23,5 x 16,0 cm), gebunden. ISBN 978-3-11-019233-9. (Studien zur Geschichte und Kultur des islamischen Orients, Neue Folge Band 10.)
DER KORAN ALS TEXT DER SPÄTANTIKE. Ein europäischer Zugang. Berlin: Verlag der Weltreligionen 2010, 859 Seiten (Format 18,0 x 11,0 cm), gebunden. ISBN 978-3-458-70026-4.

DER KORAN. BAND 1: Frühmekkanische Suren. Poetische Prophetie. Handkommentar mit Übersetzung von Angelika Neuwirth. Berlin: Verlag der Weltreligionen 2011, 751 Seiten (Format 18,0 x 11,0 cm), gebunden. ISBN 978-3-458-70034-0.

DER KORAN. BAND 2: Mittelmekkanische Suren. Ein neues Gottesvolk. Handkommentar mit Übersetzung von Angelika Neuwirth. Berlin: Verlag der Weltreligionen 2014, 750 Seiten (Format 18,0 x 11,0 cm), gebunden. ISBN 978-3-458-70039-5.

Als Folgebände sind angekündigt:

Band 3: Eine Ecclesia militans. Spätmekkanische Suren.

Band 4: Im Kreis der Erben biblischer Tradition. Frühmedinische Suren.

Band 5: Die Gemeinde als Statthalterin Gottes auf Erden. Spätmedinische Suren.

Literatur

Muhammed Abdel-Haleem: Context and Internal Relationships. Key to Quranic Exegesis. A Study of Surat al-Rahman (Qur'an Chapter 55). In: Approaches to the Qur'an. Herausgegeben von Gerald R. Hawting und Abdul-Kader Shareef. London: Routledge 1993, S. 71–98.

Said H. Abdel-Rahim: Goethe und der Islam. Augsburg: Blasaditsch 1969, 462 Seiten.

Muhammad Abduh: Tafsir al-quran al-hakim. Ergänzt und herausgegeben von Rashid Rida. Beirut: Dar al-Ma'rifa 1970. Zuerst im Selbstverlag in Kairo 1906–1934 (zwölf Zeitschriftenbände).

Nasr Hamid Abu Zaid: Islam und Politik. Kritik des religiösen Diskurses. Mit einer Einleitung von Navid Kermani. Aus dem Arabischen von Chérifa Magdi. Frankfurt am Main: dipa 1996, 223 Seiten.

Nasr Hamid Abu Zaid: Ein Leben mit dem Islam. Erzählt von Navid Kermani. Freiburg: Herder 1999, 222 Seiten.

Nasr Hamid Abu Zaid: Spricht Gott nur arabisch? In: Der Islam und der Westen. Herausgegeben von Michael Thumann. Berlin: Berlin Verlag 2003, S. 117–126.

Nasr Hamid Abu Zaid: Den Koran neu entdecken. Für eine humanistische Hermeneutik. In: Streit um den Koran. Die Luxenberg-Debatte: Standpunkte und Hintergründe. Herausgegeben von Christoph Burgmer. Berlin: Hans Schiler 2007, S. 171–193. (Zuerst 2004.)

Nasr Hamid Abu Zaid: Gottes Menschenwort. Für ein humanistisches Verständnis des Koran. Freiburg: Herder 2008, 235 Seiten.

Nasr Hamid Abu Zaid: Mohammed und die Zeichen Gottes. Freiburg: Herder 2008, 222 Seiten.

Wilhelm Ahlwardt: Verzeichnis der arabischen Handschriften der Königlichen Bibliothek zu Berlin. Band 1: Allgemeines und Koran. Berlin: Schade 1987, 618 Seiten (zehn Bände 1887–1899.)

Abdullah Yusuf Ali: The Holy Koran. With English Translation of it's meanings, Roman Transliteration, and full arabic text. Lahore: Muhammad Ashraf 1938, 605 Seiten.

Muhammad Mustafa Al-Maraghi: Bahth fî targamat al-Qur'ân al-karîm wa-ahkâmihâ. Kairo: Al-Azhar 1936, ohne Seitenzählung. [Untersuchung zur Übersetzung des Heiligen Korans und ihrer Regeln.]

Arne A. Ambros: Die Divergenzen zwischen dem Flügel- und dem Azhar-Koran. In: Wiener Zeitschrift für die Kunde des Morgenlandes 78 (1988), S. 9–21.

Arne A. Ambros: Rezension [des Koran in der Übersetzung von Adel Theodor Khoury und Muhammad Salim Abdullah]. In: Wiener Zeitschrift für die Kunde des Morgenlandes 79 (1989), S. 272–274.

Ludwig Ammann: Die Geburt des Islam. Historische Innovation durch Offenbarung. Göttingen: Wallstein 2001, 111 Seiten.

Tor Andrae: Mohammed. Sein Leben und sein Glaube. Göttingen: Vandenhoeck und Ruprecht 1932, 160 Seiten.

Muhammad Mustafâ Azami: The History of the Quranic Text. From Revelation to Compilation. A Comparative Study with the Old and New Testaments. Kairo: Al-Kalam 2011, 424 Seiten.

Oumar Bâ: Le Coran. Français-Peul. Préface de Léopold Sédar Senghor. Paris: L'Harmattan 2001, 658 Seiten. (Zuerst 1982.)

Muhammad Fu'âd 'Abd al-Bâqî: Al-Mu'jam al-mufahras li-alfâzi l-qur'âni l-karîmi. Kairo: Īsā al-Bābī al-Ḥalabī 1977, 781 Seiten. (Zuerst 1945.)

Muhammad Fu'âd 'Abd al-Bâqî: Tafsīr al-Qāsimī al-musammā Mahāsin at-ta'wīl. Kairo: Dār Iḥyā' al-Kutub al-'Arabīyah 1957, 6742 Seiten. (Zusammen mit Gamâl ad-Dîn al-Qâsimî.)

Hermann Barge: Luthers Stellung zum Islam und seine Übersetzung der Confutatio des Ricoldus. In: Allgemeine Missionsschrift 43 (1916), S. 79–82 und S. 108–119.

Thomas Bauer: Die Kultur der Ambiguität. Eine andere Geschichte des Islams. Berlin: Verlag der Weltreligionen 2011, 462 Seiten.

Edmund Beck: Der uthmanische Kodex in der Koranlesung des zweiten Jahrhunderts. In: Orientalia 14 (1945), S. 355–373.

Edmund Beck: Studien zur Geschichte der kufischen Koranlesung. I, II, III, IV. In: Orientalia 17 (1948), S. 326–355; 19 (1950), S. 328–350; 20 (1951), S. 316–328 und 22 (1953), S. 59–78.

Edmund Beck: Die Zuverlässigkeit der Überlieferung von außer-'uthmanischen Varianten bei al-Farra. In: Orientalia 23 (1954), S. 412–435.

Georg Behrmann: Hamburgs Orientalisten. Hamburg: Averhoff-Stiftung 1902, 108 Seiten.

Richard Bell: The Koran. Translated with a critical re-arrangement of the Suras. Edinburgh: University Press 1937 und 1939 (zwei Bände).

Richard Bell: Introduction to the Koran. Herausgegeben von William Montgomery Watt. Edinburgh: University Press 2001. (Zuerst 1953.)

Richard Bell: A Commentary on the Koran. Herausgegeben von Clifford Edmund Bosworth und Mervyn Edwin John Richardson. Manchester: University Press 1991 (zwei Bände).

Gotthelf Bergsträsser: Die Koranlesung des Hasan von Basra. In: Islamica 2 (1926), S. 11–57.

Gotthelf Bergsträsser: Koranlesung in Kairo. In: Der Islam 20 (1932), S. 1–42 und 21 (1933), S. 110–140. (Hierin: Der amtliche Koran, S. 2–13.)

Gotthelf Bergsträsser: Nichtkanonische Koranlesarten im Muhtasab des Ibn Ginni. München: Verlag der Bayerischen Akademie der Wissenschaften 1933, 92 Seiten. (Sitzungsberichte 1933,2.)

Gotthelf Bergsträsser und Otto Pretzl: Die Geschichte des Qorāntextes. In: Theodor Nöldeke: Die Geschichte des Qorāns. Leipzig: Dieterische Verlagsbuchhandlung 1938, 351 Seiten. (Dritter Teil.)

Gotthelf Bergsträsser: Plan eines Apparatus Criticus zum Koran. In: Sitzungsberichte der philosophisch-philologischen Klasse der Bayerischen Akademie der Wissenschaften München 7 (1970), S. 3–11.

Jacques Berque: Relire le Coran. Paris: Albin Michel 2012, 144 Seiten. (Zuerst 1993.)

Jacques Berque: Le Coran. Essai de traduction. Paris: Albin Michel 2002, 850 Seiten.

Irmgard Bezzel: Verzeichnis der im deutschen Sprachbereich erschienenen Drucke des XVI. Jahrhunderts. Herausgegeben von der Bayerischen Staatsbibliothek in München in Verbindung mit der Herzog August Bibliothek in Wolfenbüttel. Stuttgart: Hiersemann 1983–2000 (sechzehn Bände).

Régis Blachère: Traduction du Coran. Paris: Maisonneuve & Larose 2005, 748 Seiten. (Zuerst 1948–1950 in drei Bänden.)

Régis Blachère: Histoire de la littératoire arabe. Paris: Maisonneuve & Larose 1990, 186 Seiten. (Zuerst 1952.)

Régis Blachère: Introduction au Coran. Paris: Maisonneuve & Larose 2002, 310 Seiten. (Zuerst 1959.)

Hartmut Bobzin: Rezension [des Koran in der Übersetzung von Friedrich Rückert]. In: Zeitschrift für arabische Linguistik 13 (1984), S. 94–95.

Hartmut Bobzin: Martin Luthers Beitrag zur Kenntnis und Kritik des Islam. In: Neue Zeitschrift für Systematische Theologie und Religionsphilosophie 27 (1985), S. 282–289.

Hartmut Bobzin: Zur Anzahl der Drucke von Biblianders Koranausgabe im Jahr 1543. In: Basler Zeitschrift für Geschichte und Altertumskunde 85 (1985), S. 213–221.

Hartmut Bobzin: Der Koran im Zeitalter der Reformation. Studien zur Frühgeschichte der Arabistik und Islamkunde in Europa. Würzburg: Ergon 2008, 598 Seiten. (= Beiruter Texte und Studien, Band 42. / Unveränderter Nachdruck der Auflage von 1995 / Habilitationsschrift Erlangen-Nürnberg 1986.)

Hartmut Bobzin: Über Theodor Biblianders Arbeit am Koran (1542/43). In: Zeitschrift der deutschen morgenländischen Gesellschaft 136 (1986), S. 347–363.

Hartmut Bobzin: Die Koranpolyglotte des Andreas Acoluthus (1654–1704). In: Germano-Turcica. Herausgegeben von Klaus Kreiser. Bamberg: Universität Bamberg 1987, S. 57–59.

Hartmut Bobzin: Jean Bodin über den Venezianer Korandruck von 1537/38. In: Wiener Zeitschrift für die Kunde des Morgenlandes 81 (1991), S. 95–105.

Hartmut Bobzin: Über einen Coburger Sammelband mit Türkenschriften um das Jahr 1664. In: Türkische Sprachen und Literaturen. Materialien der ersten Turkologen-Konferenz. Herausgegeben von Ingeborg Baldauf. Wiesbaden: Harrassowitz 1991, S. 75–96.

Hartmut Bobzin: Latin Translations of the Koran. A short overview. In: Der Islam 2 (1993), S. 193–206.

Hartmut Bobzin: Zur Neuauflage von Max Hennings Koranübersetzung. In: Zeitschrift für arabische Linguistik 27 (1994), S. 92.

Hartmut Bobzin: Ludovico Marracci. In: Lexikon für Theologie und Kirche. Herausgegeben von Manfred Heim. Band 6, München: Beck 1998, S. 1413.

Hartmut Bobzin: Der Koran. Eine Einführung. München: Beck 2007, 128 Seiten. (Zuerst 1999.)

Hartmut Bobzin: Mohammed. Eine Einführung. München: Beck 2006, 128 Seiten. (Zuerst 2000.)

Hartmut Bobzin: Von Venedig nach Kairo. Zur Geschichte arabischer Korandrucke (16. bis frühes 20. Jahrhundert.) In: Sprachen des Nahen Ostens und die Druckrevolution. (Ausstellungskatalog.) Herausgegeben von Eva Hanebutt-Benz. Westhofen: WVA 2002, S. 151–176.

Hartmut Bobzin: Aber itzt hab ich gesehen den Alcoran Latinisch. Gedanken Martin Luthers zum Islam. In: Luther zwischen den Kulturen. Herausgegeben von Hans Medick und Peer Schmidt. Göttingen: Vandenhoeck und Ruprecht 2004, S. 260–276.

Hartmut Bobzin: Glaubensbuch und Weltliteratur. Koranübersetzungen in Deutschland von der Reformationszeit bis heute. (Ausstellungskatalog.) Herausgegeben von Hartmut Bobzin zusammen mit Peter M. Kleine. Arnsberg: Zentralinstitut Islam-Archiv Deutschland 2007, 76 Seiten.

Hartmut Bobzin: Theodor Bibliander und die Sprachen der Welt. In: Asiatische Studien 61 (2007), S. 5–18.

Hartmut Bobzin: Von Luther zu Rückert. Der Koran in Deutschland: Ein weiter Weg von der Polemik zur poetischen Übersetzung. In: Akademie Aktuell 1 (2010), S. 14–17.

Bruno Bonnet-Eymard: Le Coran. Traduction et commentaire systématique. Nantes: Editions CRC [Contre-Réforme catholique] 1988–1997, gesamt 997 Seiten (drei Bände).

Helmut Braun: Der Hamburger Koran von 1694. In: Libris et litteris. Festschrift für Hermann Tiemann zum sechzigsten Geburtstag. Herausgegeben von Christian Voigt und Erich Zimmermann. Hamburg: Maximilian Gesellschaft in Hamburg 1959, S. 149–166.

Martin Buber und Franz Rosenzweig: Die Schrift. Aus dem Hebräischen verdeutscht. Stuttgart: Deutsche Bibelgesellschaft 1992, 2.688 Seiten (vier Bände).

Muhammad ibn Ismaîl ibn Ibrahîm ibn al-Mughîra al-Buhârî: Die Sammlung der Hadithe. Ausgewählt, aus dem Arabischen übersetzt und herausgegeben von Dieter Ferchl. Stuttgart: Reclam 2010, 512 Seiten. (Zuerst 1991.)

Frants Buhl: Das Leben Muhammeds. Aus dem Dänischen von Hans Heinrich Schaeder. Leipzig: Quelle & Meyer 1930, 379 Seiten.

Ulisse Cecini: Alcoranus latinus. Eine sprachliche und kulturwissenschaftliche Analyse der Koranübersetzungen von Robert von Ketton und Marcus von Toledo. Münster: LIT 2012, 246 Seiten. (Geschichte und Kultur der Iberischen Welt, Band 10.)

Malek Chebel: Le Coran. Traduit de l'arabe. Traduction fondée sur les textes anciens, validée pa les érudits arabes d'aujourd'hui, moderne et compréhensible par tous. Paris: Fayard 2009, 742 Seiten.

Malek Chebel: Dictionnaire encyclopédique du Coran. Paris: Fayard 2009, 498 Seiten.

André Chouraqui: Reflexionen über Problematik und Methode der Übersetzung von Bibel und Koran. Aus dem Französischen übersetzt von Luise Abramowski. Tübingen: Mohr 1994, 66 Seiten. (Zuerst 1993.)

François Déroche: Les Manuscrits du Coran. Band 1: Aux origines de la calligraphie coranique. Paris: Bibliotheque Nationale 1983, 155 Seiten.

François Déroche: Les Manuscrits du Coran. Band 2: Du Maghreb à l'Insulinde. Paris: Bibliotheque Nationale 1985, 155 Seiten. (Cataloque des manuscrits arabes.)

François Déroche: Der Prachtkoran im Museum für islamische Kunst. Buchkunst zur Ehre Allahs. Berlin: Museum für islamische Kunst 1999, 135 Seiten.

François Déroche: Le Coran et ses traductions occidentales. Les civilisations dans le regard de l'autre. Paris: l'Organisation des Nations Unies pour l'éducation, la science et la culture 2002, S. 63–71. (Actes du colloque international 13 et 14 décembre 2001.)

François Déroche: Le Coran. Traduction. Paris: Presses Universitaires de France 2005, 128 Seiten.

François Déroche: Islamic Codicology. An introduction to the study of manuscripts in Arabic script. London: Al-Furqān Islamic Heritage Foundation 2005, 395 Seiten.

François Déroche: La transmissions écrite du Coran dans les débuts de l'Islam. Leiden: Brill 2009, 594 Seiten.

Manuel Dreher: Ginn im qur'an-Text und seinem Umfeld – ginn als Doppelgänger des Menschen?: Der Begriff »at-taqalan« aus qur'an-exegetischer Sicht. München: Grin 2012, 80 Seiten.

Manuel Dreher: Al-Mu'awwidatani Sure 113 und 114. »Die beiden (gegen Unheil) feienden (Suren)«. München: Grin 2012, 24 Seiten.

Dorothea Duda: Islamische Handschriften I. Persische Handschriften. Textband und Tafelband. Wien: Verlag der Österreichischen Akademie der Wissenschaften 1992, gesamt 387 Seiten. (Veröffentlichungen der Kommission für Schrift- und Buchwesen des Mittelalters / Denkschriften der philosophisch-historischen Klasse 167.)

Dorothea Duda: Islamische Handschriften II. Teil 1: Die Handschriften in arabischer Sprache. Textband und Tafelband. Wien: Verlag der Österreichischen Akademie der Wissenschaften 1992, 360 Seiten. (Veröffentlichungen der Kommission für Schrift- und Buchwesen des Mittelalters / Denkschriften der philosophisch-historischen Klasse 229.)

Dorothea Duda: Islamische Handschriften II. Teil 2: Die Handschriften in türkischer Sprache. Textband und Tafelband. Wien: Verlag der Österreichischen Akademie der Wissenschaften 2008, 462 Seiten. (Veröffentlichungen der Kommission für Schrift- und Buchwesen des Mittelalters / Denkschriften der philosophisch-historischen Klasse 363.)

Johannes Ehmann: Luther, Türken und Islam. Eine Untersuchung zum Türken- und Islambild Martin Luthers (1515–1546). München: Gütersloher Verlagshaus 2008, 504 Seiten. (Quellen und Forschungen zur Reformationsgeschichte.)

Salomon Engel: Schweigger, ein ökumenischer Reisender. In: Zeitschrift für Religions- und Geistesgeschichte 7 (1955), S. 224–246.

Mounir Fendri: Halbmond, Kreuz und Schibboleth. Heinrich Heine und der islamische Orient. Hamburg: Hoffmann und Campe 1980, 350 Seiten. (= Heine-Studien.)

Mounir Fendri: Targamatân almâniyyatân fi'ahd at-tanwîr. Zwei deutsche Koranübersetzungen im Zeitalter der Aufklärung. In: Fikrun wa fann 54 (1992), S. 195–212.

Mounir Fendri: Tradition und Wandel im deutschen Islambild im 18. Jahrhundert im Spiegel zweier Koranübersetzungen: Megerlin (1772) und Boysen (1773). In: Kairoer Germanistische Studien 10 (1997), S. 253–272.

Michael Fisch: Die Frau ist eine rechtsfähige Person wie der Mann. Abû al-Faradj Ibn al-Djauzi: Das Buch der Weisungen für Frauen (Kitâb ahkâm al-nîsa.) In: Zeitschrift für interkulturelle Germanistik 2 (2012) S. 5-12.

Michael Fisch: Die Religion macht die Beschäftigung mit der Philosophie zur Verpflichtung. Muhammad ibn Ahmad ibn Rushd: Maßgebliche Abhandlung (Fasl al-maqâl). In: Zeitschrift für interkulturelle Germanistik (Im Erscheinen für 2013.)

August Fischer: Der Wert der vorhandenen Koran-Übersetzungen und Sure 111. Stuttgart: Hirzel 1937, 49 Seiten. (= Berichte über die Verhandlungen der Sächsischen Akademie der Wissenschaften zu Leipzig, Philologisch-historische Klasse 89, Heft 2.)

Heinrich Leberecht Fleischer: Kritik am Koran des Samuel Friedrich Günther Wahl. In: Allgemeine Literatur-Zeitung vom März 1841, S. 417.

Manfred Fleischhammer: Die Orientalistik an der Universität Halle (1694–1937). In: Wissenschaftliche Zeitschrift der Martin-Luther-Universität Halle-Wittenberg VII/4 (1958), S. 877–884.

Paul Fleischmann: Der deutsche Koran. In: Evangelische Missionsschrift 1 (1940), S. 216–246.

Alexander Flores: Zivilisation oder Barbarei? Der Islam im historischen Kontext. Berlin: Verlag der Weltreligionen 2011, 260 Seiten.

Johann Fück: Die arabischen Studien in Europa bis in den Anfang des 20. Jahrhunderts. Leipzig: VEB Harrassowitz 1955, 335 Seiten.

Helmut Gätje: Rezension [des Koran in der Übersetzung von Max Henning und Kurt Rudolph]. In: Orientalische Literaturzeitung 68 (1973), S. 154–156.

Mehmet Umut Genc: Die ältesten Verse des Korans. Eine inhaltliche Betrachtung der ersten Offenbarungen. Münster: Bachelor und Master Publishing 2012, 44 Seiten.

Reinhold Glei (Hrsg.): Schriften zum Islam. Von Petrus Venerabilis. Kommentierte lateinisch-deutsche Textausgabe. Altenberge: Oros 1985, 238 Seiten. (Corpus Islamochristianum. Seria Latina. Band 1.)

Reinhold Glei (Hrsg.): Schriften zum Islam. Von Johannes Damaskenos und Theodor Abu Qurra. Kommentierte griechisch-deutsche Textausgabe. Würzburg: Echter 1995, 222 Seiten. (Corpus Islamo-Christianum. Series Graeca Band 3.)

Maurice Gloton: Une approche du Coran par la grammaire et le lexique. Paris: La Librairie de l'Orient 2002, 872 Seiten. (2500 versets traduits.)

Asmaa Godin und Roger Foehrlé: Coran thématique. Classification thématique des versets du Saint Coran. Paris: Éditions Al Qalam 2004, 1056 Seiten.

Ignaz Goldziher: Muhammedanische Studien. Hildesheim: Olms 2004, 700 Seiten (Reprint der Ausgabe von 1888. Zwei Bände in einem Band).

Azzedine Guellouz: Der Koran. Ausführungen zum besseren Verständnis. Anregungen zum Nachdenken. Aus dem Französischen von Heike Buerschaper. Bergisch Gladbach: Lübbe 1998, 125 Seiten. (= Domino, Band 3).

Hans Haas: Das Bild Muhammeds im Wandel der Zeiten. In: Zeitschrift für Missionskunde und Religionswissenschaft 31 (1916), S. 219–231.

Ludwig Hagemann: Der Koran in Verständnis und Kritik bei Nikolaus von Kues. Ein Beitrag zur Erstellung islamisch-christlicher Geschichte.

Frankfurt am Main: Knecht 1976, 202 Seiten. (Frankfurter theologische Studien, Band 21.)

Ludwig Hagemann: Die erste lateinische Koranübersetzung. Mittel zur Verständigung zwischen Christen und Muslimen im Mittelalter. In: Orientalische Kultur und europäisches Mittelalter. Herausgegeben von Albert Zimmermann und Ingrid Craemer-Ruegenberg. Berlin und New York: de Gruyter 1985, S. 45–58. (= Miscellanea mediaevalia, Band 17.)

Ludwig Hagemann: Christentum und Islam. Zwischen Konfrontation und Begegnung. Würzburg: Echter 1994, 151 Seiten.

Ludwig Hagemann: Christentum contra Islam. Eine Geschichte gescheiterter Beziehungen. Darmstadt: Wissenschaftliche Buchgesellschaft 1999, 156 Seiten.

Mahmoud Haggag: Die deutschen Koranübersetzungen und ihr Beitrag zur Entstehung eines Islambildes beim deutschen Leser. Frankfurt am Main: Peter Lang 2011, 263 Seiten. (= Angewandte Sprachwissenschaft, Band 22.)

Omar Hamdan: Studien zur Kanonisierung des Korantextes. Al-Hasan al-Basris Beiträge zur Geschichte des Korans. Wiesbaden: Harrassowitz 2006, 333 Seiten. (= Diskurse der Arabistik, Band 10.)

Herman Hausleiter: Register zum Qorankommentar des Tabari. Strassburg: Trübner 1912, 47 Seiten.

Tom Holland: Im Schatten des Schwertes. Mohammed und die Entstehung des arabischen Weltreichs. Aus dem Englischen von Susanne Held. Stuttgart: Klett Cotta 2012, 532 Seiten.

Josef Horovitz: Das koranische Paradies. In: Der Koran. Herausgegeben von Rudi Paret. Darmstadt: Wissenschaftliche Buchgesellschaft 1975, S. 53–73. (Wege der Forschung, Band 326 / Zuerst 1923.)

Josef Horovitz: Jewish proper names and derivatives in the Koran. Hildesheim: Olms 1925, 83 Seiten.

Josef Horovitz: Koranische Untersuchungen. Berlin und Leipzig: Walter de Gruyter 1926, 171 Seiten. (Studien zur Geschichte und Kultur des islamischen Orients, Band 4.)

Josef Horovitz: Bemerkungen zur Geschichte und Terminologie des islamischen Kultus. In: Der Islam 15–16 (1926/27), S. 249–263.

Robert G. Hoyland: Arabia and the Arabs: From the Bronze Age to the Coming of Islam. London: Routledge Chapman & Hall 2001, 324 Seiten.

Robert G. Hoyland: Islamic Reflections, Arabic Musings: Studies in Honour of Professor Alan Jones. Cambridge: Gibb Memorial Trust 2004, 288 Seiten.

Robert G. Hoyland: Medieval Islamic Swords and Swordmaking. Cambridge: Gibb Memorial Trust 2012, 200 Seiten.

Robert G. Hoyland: From Hellenism to Islam: Cultural and Linguistic Change in the Roman Near East. Cambridge: University Press 2012, 512 Seiten.

Mahmoud Khalil Al-Hussary: Al-Mushaf Al-Murattal. Meaning and Translated by Aslam Azha. (Kairiner Rezitation von 1934.) Im Internet als Podcast unter: www.quran4iphone.com/en/Mahmoud_Khalil_Al_Hussary/index-01.html.

Ibn al-Djauzî: Das Buch der Weisungen für Frauen. (Kitâb ahkâm al-nisâ.) Aus dem Arabischen übersetzt und herausgegeben von Hannelies Koloska. Frankfurt am Main und Leipzig: Verlag der Weltreligionen 2009, 324 Seiten.

Ibn al-Fârid: Der Diwan. Mystische Poesie aus dem 13. Jahrhundert. Aus dem Arabischen übersetzt und herausgegeben von Renate Jacobi. Berlin: Verlag der Weltreligionen 2012, 407 Seiten.

Ibn al-Muqaffa: Kalila und Dimna. Aus dem Arabischen von Philipp Wolff. Düsseldorf: Manesse 1995, 317 Seiten.

Ibn Halawaih: Sammlung nichtkanonischer Koranlesarten. Herausgegeben von Gotthelf Bergsträsser. Beirut Orient-Institut 2009, 336 Seiten. (= Bibliotheca Islamica, Band 1 / zuerst 1934 / In Kommission Klaus Schwarz Verlag Berlin.)

Ibn Hisham: As-Sira-an-nabawiya. Das Leben des Propheten. Damaskus/Syrien: Dar-El-Maarifa 1995, 832 Seiten.

Ibn Ishâq: Das Leben des Propheten. Aus dem Arabischen von Gernot Rotter. Kandern: Spohr 1999, 297 Seiten.

Ibn Katîr: Tafsîr al-qu'rân al-azîm. Beirut: Dâr al-Gîl 1990, ohne Seitenzählung (vier Bände).

Ibn Khaldun: Die Muqaddima: Betrachtungen zur Weltgeschichte. Übertragen und mit einer Einführung von Alma Giese. München: Beck 2011, 540 Seiten.

Ibn Manzur: Lisan al-Arab. London: Nabu Press 2010, 914 Seiten. (Zuerst 1230.)

Ibn Rushd: Maßgebliche Abhandlung. Fasl Al-Maqâl. Aus dem Arabischen übersetzt und herausgegeben von Frank Griffel. Berlin: Verlag der Weltreligionen 2010, 247 Seiten.

Ibn Sa'îd: Das Lehrbuch der sieben Koranlesungen. Herausgegeben von Otto Pretzl. Beirut Orient-Institut 2009, 228 Seiten. (= Bibliotheca Islamica, Band 2 / zuerst 1930 / In Kommission Klaus Schwarz Verlag Berlin.)

Ibn Sa'îd: Orthographie und Punktierung des Koran. Herausgegeben von Otto Pretzl. Beirut Orient-Institut 2009, 270 Seiten. (= Bibliotheca Islamica, Band 3 / zuerst 1932 / In Kommission Klaus Schwarz Verlag Berlin.)

Horst Jansen: Mohammed. Eine Biographie. Aus dem Niederländischen von Marlene Müller-Haas. München: Beck 2008, 491 Seiten.

Otto Jastrow, Shabo Talay und Herta Hafenrichter (Hrsg.): Studien zur Semitistik und Arabistik. Festschrift für Hartmut Bobzin zum 60. Geburtstag. Wiesbaden: Harrassowitz 2008, 471 Seiten.

Arthur Jeffery: Materials for the history of the text of the Koran. The codices, the Kitab al-masahif of Ibn Abi Dawud together with a collection of the variant readings. Leiden: Brill 1937, 362 Seiten.

Arthur Jeffery: A reader on Islam. Gravenhage: Mouton 1962, 678 Seiten.

Arthur Jeffery: The foreign vocabulary of the Qur'an. Texts and Studies on the Qur'an. Leiden: Brill 2006, 311 Seiten. (Zuerst Baroda/Indien: Oriental Institute 1938.)

Lamya Kandil: Die Surennamen in der offiziellen Kairiner Koranausgabe und ihre Varianten. In: Der Islam 69 (1992), S. 44–60.

Andreas Kellermann: Die Mündlichkeit des Koran. Ein forschungsgeschichtliches Problem der Arabistik. In: Beiträge zur Geschichte der Sprachwissenschaft 5 (1995), S. 1–33.

Andreas Kellermann: Koranlesung im Maghreb. Berlin 1996, 238 Seiten. (Dissertation, Freie Universität Berlin – bislang ungedruckt.)

Navid Kermani: Die Affäre Abu Zaid. Eine Kritik am religiösen Diskurs und ihre Folgen. In: Orient 35 (1994), S. 25–49.

Navid Kermani: Offenbarung als Kommunikation. Das Konzept »wahy« in Nasr Hamid Abu-Zaids »Mafhum an-Nass«. Frankfurt am Main: Peter Lang 1996, 138 Seiten. (= Europäische Hochschulschriften, Band 27.)

Navid Kermani: Ketzer im Gottesstaat. Der Fall Abu Zaid und Ägyptens gefährlicher Kurs. In: Frankfurter Allgemeine Zeitung vom 29. 8. 1996.

Navid Kermani: Versteinerter Traum und rote Rose. Über die Widersprüche des Islams und anderer Religionen. In: Frankfurter Allgemeine Zeitung vom 6. 2. 1999.

Navid Kermani: Gott ist schön. Das ästhetische Erleben des Koran. München: Beck 1999, 546 Seiten.

Navid Kermani: Der Schrecken Gottes. Attar, Hiob und die metaphysische Revolte. München: Beck 2005, 335 Seiten.

Navid Kermani: Nasr Hamid Abu Zaid. In: Ders., Dein Name. Roman. München: Hanser 2011, S. 1163–1168.

Adel Theodor Khoury: Muhammad. Der Prophet und seine Botschaft. Freiburg: Herder 2008, 159 Seiten. (Zuerst 1990.)

Edeltraud Klueting: Quis fuerit Machometus? Mohammed im lateinischen Mittelalter (11.–13. Jahrhundert). In: Archiv für Kulturgeschichte 2 (2008), S. 283–306.

Dorothea Krawulsky: Ulûm al-Qur'ân. Eine Einführung in die Koranwissenschaften. Bern: Peter Lang 2006, 205 Seiten. (= Welten des Islam, Band 1.)

James Kritzeck: Robert of Ketton's translations of the Koran. In: The Islamic Quarterly 2 (1955), S. 309–312.

James Kritzeck: Peter the Venerable and Islam. Princeton: University Press 1964, 333 Seiten. (Princeton Oriental Studies, Band 23.)

Nikolaus von Kues: Schriften in deutscher Übersetzung. Cribratio Alcorani – Sichtung des Korans. Erstes Buch, Heft 250 a. Herausgegeben von Ludwig Hagemann und Reinhold Glei. Hamburg: Meiner 1989, 174 Seiten.

Nikolaus von Kues: Schriften in deutscher Übersetzung. Cribratio Alcorani – Sichtung des Korans. Zweites Buch, Heft 250 b. Herausgegeben von Ludwig Hagemann und Reinhold Glei. Hamburg: Meiner 1991, 180 Seiten.

Nikolaus von Kues: Schriften in deutscher Übersetzung. Cribratio Alcorani – Sichtung des Korans. Drittes Buch, Heft 250 c. Herausgegeben von Ludwig Hagemann und Reinhold Glei. Hamburg: Meiner 1993, 174 Seiten.

Udo Lihs: Die Exegeten des Korans. München: Grin 2010, 28 Seiten.

Martin Lings: Muhammad. Sein Leben nach den frühesten Quellen. Kandern: Spohr 2008, 493 Seiten.

Günter Lüling: Über den Urkoran. Ansätze zur Rekonstruktion vorislamischer christlicher Strophenlieder im Koran. Erlangen: Lüling 1974, 542 Seiten.

Günter Lüling: Die Wiederentdeckung des Propheten Muhammad. Eine Kritik am »christlichen« Abendland. Erlangen: Lüling 1981, 428 Seiten.

Günter Lüling: Der christliche Kult an der vorislamischen Kaaba als Problem der Islamwissenschaft und christlichen Theologie. Erlangen: Lüling 1992, 104 Seiten.

Christoph Luxenberg: Die syro-aramäische Lesart des Koran. Ein Beitrag zur Entschlüsselung der Koransprache. Berlin: Hans Schiler 2011, 355 Seiten. (Zuerst 2000.)

Christoph Luxenberg: Weihnachten im Koran. In: INAMO Informationsprojekt Naher und Mittlerer Osten 33/34 (2003), S. 42–44.

Christoph Luxenberg: Der Fuchs und die süßen Trauben des Paradieses. Wieviel Philologie verträgt der rechte muslimische Glaube? Ein Gespräch. In: Süddeutsche Zeitung vom 24. 2. 2004.

Christoph Luxenberg: Reaktionen und Reaktion. Über die Rezeption seiner Forschungsergebnisse zum Koran. In: Streit um den Koran. Die Luxenberg-Debatte: Standpunkte und Hintergründe. Herausgegeben von Christoph Burgmer. Berlin: Hans Schiler 2007, S. 194–206. (Zuerst 2004.)

Christoph Luxenberg: Neudeutung der arabischen Inschrift im Felsendom zu Jerualem. In: Die dunklen Anfänge. Neue Forschungen zur Entstehung und frühen Geschichte des Islam. Herausgegeben von Karl-Heinz Ohlig und Gerd-Rüdiger Puin. Berlin: Hans Schiler 2005, S. 124–147. (= Inârah. Schriften zur frühen Islamgeschichte und zum Koran, Band 1.)

Christoph Luxenberg: Relikte syro-aramäischer Buchstaben in frühen Korankodizes im higâzî- und kûfî-Duktus. In: Der frühe Islam. Eine historisch-kritische Rekonstruktion anhand zeitgenössischer Quellen. Herausgegeben von Karl-Heinz Ohlig. Berlin: Hans Schiler 2007, S. 377–414. (= Inârah. Schriften zur frühen Islamgeschichte und zum Koran, Band 2.)

Christoph Luxenberg: Die syrische Liturgie und die »geheimnisvollen Buchstaben« im Koran – eine liturgievergleichende Studie. In: Schlaglichter. Die beiden ersten islamischen Jahrhunderte. Herausgegeben von Karl-Heinz Ohlig und Markus Groß. Berlin: Hans Schiler 2008, S. 411–456. (= Inârah. Schriften zur frühen Islamgeschichte und zum Koran, Band 3.)

Christoph Luxenberg: Keine Schlacht von Badr. Zu syrischen Buchstaben in frühen Koranmanuskripten. In: Vom Koran zum Islam. Schriften zur frühen Islamgeschichte und zum Koran. Herausgegeben von Karl-Heinz Ohlig und Markus Groß. Berlin: Hans Schiler 2009, S. 642–676. (= Inârah. Schriften zur frühen Islamgeschichte und zum Koran, Band 4.)

Christoph Luxenberg: »Inârah« im Koran. Zu einem bisher übersehenen Hapax Legomenon (Sure 46:4). In: Die Entstehung einer Weltreligion I. Von der koranischen Bewegung zum Frühislam. Herausgegeben von Karl-Heinz Ohlig und Markus Groß. Berlin: Hans Schiler 2010, S. 377–381. (= Inârah. Schriften zur frühen Islamgeschichte und zum Koran, Band 5.)

Christoph Luxenberg: Keine Polygamie und kein Konkubinat im Koran (Sure 4:3) Teil I. In: Die Entstehung einer Weltreligion II. Von der koranischen Bewegung zum Frühislam. Herausgegeben von Karl-Heinz Ohlig und Markus Groß. Berlin: Hans Schiler 2011, S. 615–645. (= Inârah. Schriften zur frühen Islamgeschichte und zum Koran, Band 6.)

Mohammed Ahmed Mansour: Zur Problematik der Übersetzung des Koran. Ansätze zur Bewertung einiger Übersetzungen ins Deutsche. In: Kairoer Germanistische Studien 10 (1997), S. 447–476.

Michael Marx: Ein Koran-Forschungsprojekt in der Tradition der Wissenschaft des Judentums. In: »Im vollen Licht der Geschichte«. Die Wissenschaft des Judentums und die Anfänge der kritischen Koranforschung. Herausgegeben von Dirk Hartwig und anderen. Würzburg: Ergon 2008, S. 41–53. (= Ex Oriente Lux, Band 8.)

Michael Marx: The Koran according to Agfa. Gotthelf Bergsträssers Archiv der Koranhandschriften. In: Trajekte 19 (2009), S. 25–29.

Michael Marx: Der Koran: das erste arabische Buch. In: Roads to Arabia. Archäologische Schätze aus Saudi-Arabien. Herausgegeben von Stefan Weber und anderen. Berlin: Wasmuth 2011, S. 195–207.

Katharina Mommsen: Goethe und die arabische Welt. Frankfurt am Main: Insel 1988, 669 Seiten.

Tilman Nagel: Der Koran. Einführung – Texte – Erläuterungen. München: Beck 1983, 371 Seiten.

Tilman Nagel: Vom Koran zur Schrift. Bells Hypothese aus religionsgeschichtlicher Sicht. In: Der Islam. Zeitschrift für Geschichte und Kultur des islamischen Orients 60 (1983), S. 143–165.

Tilman Nagel: Medinensische Einschübe in mekkanischen Suren. Göttingen: Vandenhoeck und Ruprecht 1995, 211 Seiten. (= Abhandlungen der Akademie der Wissenschaften in Göttingen, Band 3.)

Tilman Nagel: Die islamische Welt bis 1500. München: Oldenbourg 1998, 320 Seiten.

Tilman Nagel: Im Offenkundigen das Verborgene. Die Heilszunge des sunnitischen Islams. Göttingen: Vandenhoeck und Ruprecht 2002, 711 Seiten.

Tilman Nagel: Mohammed. Leben und Legende. München: Oldenbourg 2008, 1052 Seiten.

Tilman Nagel: Mohammed. Zwanzig Kapitel über den Propheten der Muslime. München: Oldenbourg 2010, 332 Seiten.

Tilman Nagel: Ewige Wahrheiten und historische Kontexte. Zwei neue Übersetzungen und eine »europäische« Deutung des Korans. In: Neue Zürcher Zeitung vom 22. 1. 2011.

Yahyâ Ibn Sharaf an-Nawawî: Das Buch der vierzig Hadithe. Kitâb al-Arba'in. Aus dem Arabischen übersetzt und herausgegeben von Marco Schöller. Frankfurt am Main und Leipzig: Verlag der Weltreligionen 2007, 805 Seiten.

Yahyâ Ibn Sharaf an-Nawawî: Der rechte Umgang mit dem Koran. Aus dem Arabischen übertragen von Abdullâh as-Sâmit Frank Bubenheim. Larnaka: Spohr 2008, 192 Seiten.

Angelika Neuwirth: Einige Bemerkungen zum besonderen sprachlichen und literarischen Charakter des Koran. In: Zeitschrift der Deutschen Morgenländischen Gesellschaft. Supplement III (1977), S. 736–739.

Angelika Neuwirth: Zum neueren Stand der Koranforschung. In: Zeitschrift der Deutschen Morgenländischen Gesellschaft. Supplement V (1980), S. 183–199.

Angelika Neuwirth: Das islamische Dogma der Unnachahmlichkeit des Koran in literaturwissenschaftlicher Hinsicht. In: Der Islam. Zeitschrift für Geschichte und Kultur des islamischen Orients 60 (1983), S. 166–183.

Angelika Neuwirth: Der Koran. In: Grundriß der arabischen Philologie. Band 2: Literaturwissenschaft. Herausgegeben von Helmut Gäthje. Wiesbaden: Reichert 1987, S. 96–135.

Angelika Neuwirth: Vom Rezitationstext über die Liturgie zum Kanon. In: The Koran as Text. Herausgegeben von Stefan Wild. Leiden: Brill 1996, S. 69–75.

Angelika Neuwirth: Zur Archäologie einer Heiligen Schrift. Überlegungen zum Koran vor seiner Kompilation. In: Streit um den Koran. Die Luxenberg-Debatte: Standpunkte und Hintergründe. Herausgegeben von Christoph Burgmer. Berlin: Hans Schiler 2007, S. 130–145. (Zuerst 2004.)

Angelika Neuwirth: Studien zur Komposition der mekkanischen Suren. Die literarische Form des Koran – ein Zeugnis seiner Historizität. Berlin: de Gruyter 2007, 485 Seiten. (= Studien zur Sprache, Geschichte und Kultur des islamischen Orients, Neue Folge Band 10.) (Zuerst 1981.)

Angelika Neuwirth: Die Korangenese zwischen Mythos und Geschichte. In: Die Religionen der Welt. Ein Almanach zur Eröffnung des Verlags der Weltreligionen. Herausgegeben von Hans-Joachim Simm. Frankfurt am Main und Leipzig: Verlag der Weltreligionen 2007, S. 323–335.

Angelika Neuwirth: Psalmen – im Koran neu gelesen (Ps 104 und 136). In: »Im vollen Licht der Geschichte«. Die Wissenschaft des Judentums und die Anfänge der kritischen Koranforschung. Herausgegeben von Dirk Hartwig und anderen. Würzburg: Ergon 2008, S. 157–189. (= Ex Oriente Lux, Band 8.)

Angelika Neuwirth: Koranische und nachkoranische Reflexionen zu Blut und Tinte, Opfer und Schrift. In: Taswir. Islamische Bildwelten der Moderne. Herausgegeben von den Berliner Festspielen. Berlin: Nicolai 2009, S. 58–62.

Angelika Neuwirth: Der Koran als Text der Spätantike. Ein europäischer Zugang. Berlin: Verlag der Weltreligionen 2010, 860 Seiten.

Angelika Neuwirth: Versiegelte Zeit. 350 Millionen Menschen auf der Welt sprechen Arabisch, das einst globale Bildungssprache war. Durch den Koran gilt es sakral und unantastbar – verhindert das eine zeitgemäße Auffrischung? In: Spiegel Geschichte 3 (2011), S. 34–37.

Angelika Neuwirth: Der Leser macht das Buch. Arabisten müssen zwischen den Kulturen übersetzen. Denn die europäische und die islamische Tradition verstehen der Koran unterschiedlich. In: Zeitschrift für Kulturaustausch 2/3 (2011), S. 58–59.

Theodor Nöldeke: The Coran. In: Encyclopedia Britannica 16 (1891), S. 21–62.

Theodor Nöldeke: Zur Sprache des Qorans. In: Neue Beiträge zur semitischen Sprachwissenschaft. Strassburg: La Nouvelle Clio 1910, S. 5–23.

Theodor Nöldeke: Geschichte des Qorans. Band I: Über den Ursprung des Qorans. Bearbeitet von Friedrich Schwally. Leipzig: Dieterische Verlagsbuchhandlung 1909, 262 Seiten.

Theodor Nöldeke: Geschichte des Qorans. Band II: Die Sammlung des Qorans [mit einem literaturwissenschaftlichen Anhang über die muhammedanischen Quellen und die neuere christliche Forschung]. Völlig umgearbeitet von Friedrich Schwally. Leipzig: Dieterische Verlagsbuchhandlung 1919, 242 Seiten.

Theodor Nöldeke: Geschichte des Qorans. Band III: Die Geschichte des Qorantextes. Bearbeitet von Gotthelf Bergsträsser und Otto Pretzl. Leipzig: Dieterische Verlagsbuchhandlung 1938, 351 Seiten.

Karl-Heinz Ohlig: Der Koran als Gemeindeprodukt? In: magazin forschung. Universität des Saarlandes 1 (1999), S. 33–37. (= Neue Wege der Forschung.)

Karl-Heinz Ohlig: Weltreligion Islam. Eine Einführung. Mainz: Matthias Grünewald 2000, 381 Seiten.

Karl-Heinz Ohlig: Das syrische und arabische Christentum und der Koran. In: Die dunklen Anfänge. Neue Forschungen zur Entstehung und frühen Geschichte des Islam. Herausgegeben von Karl-Heinz Ohlig und Gerd-Rüdiger Puin. Berlin: Hans Schiler 2005, S. 366–404. (= Inârah. Schriften zur frühen Islamgeschichte und zum Koran, Band 1.)

Karl-Heinz Ohlig: Zur Entstehung und Frühgeschichte des Islam. In: Aus Politik und Zeitgeschichte. Beilage zur Wochenzeitung »Das Parlament« 26/27 (2007), S. 3–10.

Karl-Heinz Ohlig: Wozu neue Koranübersetzungen? Indiz einer wissenschaftlichen Malaise. In: Die Entstehung einer Weltreligion I. Von der koranischen Bewegung zum Frühislam. Herausgegeben von Karl-Heinz Ohlig und Markus Groß. Berlin: Hans Schiler 2010, S. 423–472. (= Inârah. Schriften zur frühen Islamgeschichte und zum Koran, Band 5.)

Rudi Paret: Grenzen der Koranforschung. Stuttgart: Kohlhammer 1950, 35 Seiten. (= Bonner orientalische Studien, Band 27.)

Rudi Paret: Mohammed und der Koran. Geschichte und Verkündigung des arabischen Propheten. Stuttgart: Kohlhammer 1957, 181 Seiten.

Rudi Paret: Der Koran als Geschichtsquelle. In: Der Islam. Zeitschrift für Geschichte und Kultur des islamischen Orients 37 (1961), S. 24–42.

Rudi Paret: Rezension [des Koran in der Übersetzung von Max Henning und Kurt Rudolph]. In: Der Islam 46 (1970), S. 66–67.

Rudi Paret: Textkritisch verwertbare Koranlesarten. In: Islamwissenschaftliche Abhandlungen. Herausgegeben von Richard Gramlich. Wiesbaden: Steiner 1974, S. 198–204.

Gustav Pfannmüller: Handbuch der Islamliteratur. Berlin: de Gruyter 1974, 436 Seiten. (Zuerst 1923.)

Johanna Pink: Neue Religionsgemeinschaften in Ägypten. Minderheiten im Spannungsfeld von Glaubensfreiheit, öffentlicher Ordnung und Islam. Würzburg: Ergon 2003, 485 Seiten. (Dissertation, Bonn 2002.)

Johanna Pink: Sunnitische Korantexte in der arabischen Welt, Indonesien und Türkei (1967–2004). Lokaler Kontext und gemeinsame Traditionen. (Habilitationsschrift, Freie Universität Berlin 2009.)

Johanna Pink: Sunnitischer Tafsir in der modernen islamischen Welt. Akademische Traditionen, Popularisierung und nationalstaatliche Interessen. Leiden: Brill 2011, 380 Seiten. (= Texts and Studies of the Koran, Band 7.)

Otto Pretzl: Die Fortführung des Apparatus Criticus zum Koran. In: Sitzungsberichte der philosphisch-philologischen Klasse der Bayerischen Akademie der Wissenschaften. München 1934, 14 Seiten. (Heft 5.)

Otto Pretzl: Die Wissenschaft der Koranauslegung. Ihre literarischen Quellen und ihre Aussprachegrundlagen. In: Islamica 6 (1934), S. 1–47, S. 230–246 und S. 290–331.

Gerd-Rüdiger Puin: Über die Bedeutung der ältesten Koranfragmente aus Sanaa (Jemen) für die Orthographiegeschichte des Korans. In: magazin forschung. Universität des Saarlandes 1 (1999), S. 37–40. (= Neue Wege der Forschung.)

Gerd-Rüdiger Puin: Die korrumpierte Tradition? Zur religiösen Geschichtsbildung. Ein Gespräch. In: Streit um den Koran. Die Luxenberg-Debatte: Standpunkte und Hintergründe. Herausgegeben von Christoph Burgmer. Berlin: Hans Schiler 2007, S. 99–111. (Zuerst 2004.)

Gerd-Rüdiger Puin: Die Utopie einer kritischen Koranedition: Ein Arbeitsbericht. In: Schlaglichter. Die beiden ersten islamischen Jahrhunderte. Herausgegeben von Karl-Heinz Ohlig und Markus Groß. Berlin: Hans Schiler 2008, S. 516–571. (= Inârah. Schriften zur frühen Islamgeschichte und zum Koran, Band 3.)

Gerd-Rüdiger Puin: Quellen, Orthographie und Transkription der ägyptischen und anderer Standardausgaben des Koran. In: Vom Koran zum Islam. Schriften zur frühen Islamgeschichte und zum Koran. Herausgegeben von Karl-Heinz Ohlig und Markus Groß. Berlin: Hans Schiler

2009, S. 606–641. (= Inârah. Schriften zur frühen Islamgeschichte und zum Koran, Band 4.)

Gerd-Rüdiger Puin: Das arabisch-jemenitische Alphabet. In: Die Entstehung einer Weltreligion I. Von der koranischen Bewegung zum Frühislam. Herausgegeben von Karl-Heinz Ohlig und Markus Groß. Berlin: Hans Schiler 2010, S. 321–353. (= Inârah. Schriften zur frühen Islamgeschichte und zum Koran, Band 5.)

Gerd-Rüdiger Puin: Der Koran nach der Lesart von Angelika Neuwirth. In: Die Entstehung einer Weltreligion II. Von der koranischen Bewegung zum Frühislam. Herausgegeben von Karl-Heinz Ohlig und Markus Groß. Berlin: Hans Schiler 2011, S. 753–761. (= Inârah. Schriften zur frühen Islamgeschichte und zum Koran, Band 6.)

Matthias Radscheit: Die Koranische Herausforderung. Die tabbadi-Verse im Rahmen der Polemikpassagen des Korans. Berlin: Klaus Schwarz 1996, 117 Seiten. (= Islamkundliche Untersuchungen, Band 198.)

Matthias Radscheit: Aktuelle deutsche Koranübersetzungen im Überblick. In: CIBEDO. Beiträge zum Gespräch zwischen Christen und Muslimen 13 (1999), S. 124–135.

Helga Rebhahn und Winfried Riesterer: Prachtkorane aus tausend Jahren. Handschriften aus dem Bestand der Bayerischen Staatsbibliothek München. (Ausstellungskatalog.) München: Bayerische Staatsbibliothek 1998, 75 Seiten.

Maxime Rodinson: Mohammed. Aus dem Französischen von Guido Meister. Luzern: Bucher 1975, 315 Seiten.

Horst Röhling: Koranausgaben im russischen Buchdruck des 18. Jahrhunderts. In: Gutenberg-Jahrbuch 1977, S. 205–210.

Annemarie Schimmel: Friedrich Rückert – Lebensbild und Einführung. Freiburg: Herder 1987, 155 Seiten.

Annemarie Schimmel: Morgenland und Abendland. Mein west-östliches Leben. München: Beck 2002, 320 Seiten.

Annemarie Schimmel: Auf den Spuren der Muslime. Herausgegeben von Hartmut Bobzin und Navid Kermani. Freiburg: Herder 2002, 192 Seiten.

Christian Friedrich von Schnurrer: Bibliotheca Arabica auctam nunc atque integram edidit Christianus Fridericus de Schnurrer. Halae ad Salam: Typis et sumtu I. C. Hendelii 1881, 552 Seiten. (Nachdruck Amsterdam: Kessinger 2010.)

Marco Schöller: Exegetisches Denken und Prophetenbiographie. Eine quellenkritische Analyse der Sira-Überlieferung zu Muhammads Konflikt mit den Juden. Wiesbaden: Harrassowitz 1998, 521 Seiten.

Marco Schöller: Methode und Wahrheit in der Islamwissenschaft. Prolegomena. Wiesbaden: Harrassowitz 2000, 148 Seiten.

Marco Schöller: Mohammed. Suhrkamp Basisbiographie. Frankfurt am Main: Suhrkamp 2008, 160 Seiten.

Fuat Sezgin: Geschichte des arabischen Schrifttums. Leiden: Brill 1967–1984 und Frankfurt am Main: Institut für Geschichte der Arabisch-Islamischen Wissenschaften an der Johann Wolfgang Goethe-Universität 2000–2007 (dreizehn Bände).

Fuat Sezgin: Bibliographie der deutschsprachigen Arabistik und Islamkunde. Von den Anfängen bis 1986 nebst Literatur über die arabischen Länder der Gegenwart. Frankfurt am Main: Institut für Geschichte der Arabisch-Islamischen Wissenschaften an der Johann Wolfgang Goethe-Universität 1995, 330 Seiten.

Fuat Sezgin: Bibliographie der deutschsprachigen Arabistik und Islamkunde. Von 1987 bis 1994 und Nachträge: Band I: Allgemeines. Band II: Islam. Religion und Theologie. Recht und Sitte. Frankfurt am Main: Institut für Geschichte der Arabisch-Islamischen Wissenschaften an der Johann Wolfgang Goethe-Universität 2001, 330 Seiten.

Anton Spitaler: Die Verszählung des Koran. München: Verlag der Bayerischen Akademie der Wissenschaften 1935, 74 Seiten.

Anton Spitaler: Rezension der Ausgabe Zürich 1954. In: Zeitschrift für Missions- und Religionswissenschaft 40 (1956), S. 212–213.

Anton Spitaler: Philologica. Beiträge zur Arabistik und Semitistik. Herausgegeben von Hartmut Bobzin. Wiesbaden: Harrassowitz 1998, 642 Seiten.

Alois Sprenger: Das Leben und die Lehre des Mohammad. Hildesheim: Olms 2003, 1940 Seiten. (Reprint der Ausgabe Berlin von 1861 bis 1865, hier gedruckt als drei in vier Bänden.)

Shihâb Al-Suhrawardî: Philosophie der Erleuchtung. Hikmat al-Ishrâq. Aus dem Arabischen übersetzt und herausgegeben von Nicolai Sinai. Berlin: Verlag der Weltreligionen 2011, 469 Seiten.

Jörn Thielmann: Nasr Hamid Abu Zaid und die wiedererfundene hisba. Sharia und Qanun im heutigen Ägypten. Würzburg: Ergon 2003, 262 Seiten. (Dissertation Bochum 2000.)

Muhammad Farid Wagdi: Al-Adillâ al-ilmiyya'alâ gawâz targamat ma'ânî al-Qur'ân ilâ al-lugât al-agnabiyya. Kairo: Matba'ât al-Ragha'îb 1936, ohne Seitenangabe. [Wissenschaftliche Argumentation für die Übersetzung der Bedeutung des Koran in die Fremdsprache.]

Samuel Friedrich Günther Wahl: Allgemeine Geschichte der morgenländischen Sprachen und Litteraturen. Leipzig: Breitkopf 1784, 648 Seiten.

Samuel Friedrich Günther Wahl: Historisch-kritische Einleitung in den Koran. Bielefeld und Leipzig: Velhagen und Klasing 1844, 121 Seiten. (Zweite revidierte Auflage 1878.)

William Montgomery Watt: Muhammad at Mecca. Oxford: University Press 1953.

William Montgomery Watt: Muhammad at Medina. Oxford: University Press 1956.

Stefan Weidner: Weltgespräch beim Schmaus. Großtat: Friedrich Rückerts Werke in der Schweinfurter Edition. In: Frankfurter Allgemeine Zeitung vom 18. 8. 2005.

Stefan Weidner: Den Koran als Dichtung übersetzen. Vorschläge zu einer alternativen Koranübersetzung. In: Trajekte 19 (2009), S. 30–33.

Stefan Weidner: Der Mensch ist nicht aus Tesafilm gemacht. Hypertext vor der Zeit: Unter den religiösen Gründungstexten ist der Koran einer der schwierigsten – und kaum zu übersetzen. Drei neue Übertragungen wagen trotzdem den Versuch. In: Frankfurter Allgemeine Zeitung vom 24. 4. 2010.

Stefan Weidner: Das Lob des Nichtverstehens oder Kritik der übersetzerischen Vernunft. In: Das Magazin der Kulturstiftung des Bundes 15 (2010), S. 27–31.

Stefan Weidner: Brückenschlag zwischen orthodoxer Deutung und neuer Forschung. Angelika Neuwirth: Der Koran als Text der Spätantike. Ein europäischer Zugang. In: Qantara vom 5. 5. 2011.

Wolfgang Wießner: David Nerreter (1649–1726). Ein Lebensbild aus dem Zeitalter des beginnenden Pietismus. In: Zeitschrift für Bayerische Kirchengeschichte 23 (1954), S. 144–162.

Stefan Wild: Die andere Seite des Textes. Nasr Hamid Abu Zaid und der Koran. In: Die Welt des Islams 33 (1993), S. 256–261.

Stefan Wild: Die schauerliche Öde des heiligen Buches. Westliche Wertungen des koranischen Stils. In: Gott ist schön und er liebt die Schönheit. Festschrift für Annemarie Schimmel. Herausgegeben von Alma Giese und Christoph Bürgel. Bern u.a.: Peter Lang 1994, S. 429–447.

Adolph Benjamin Wohlwill: Hamburg und der Islam. In: Zeitschrift des Vereins für Hamburgische Geschichte 13 (1908), S. 375–390.

Amir Muhammad Adib Zaidan: Fiqh-ul-'Ibadat. Einführung in die islamischen gottesdienstlichen Handlungen. Offenbach: ADIB 1996, 234 Seiten.

Amir Muhammad Adib Zaidan: Al-'Aqida – Einführung in die Iman-Inhalte. Offenbach: ADIB 1999, 271 Seiten.

Amir Muhammad Adib Zaidan: At-tafsir. Eine philologisch, islamologisch fundierte Erläuterung des Quran-Textes. Offenbach: ADIB 2000, 324 Seiten.

Tabu Abdallah al-Zangani: Die Geschichte des Koran. Hamburg: Islamisches Zentrum 1999, 108 Seiten. (Zweite Auflage 2001.)

Hans Zirker: Christentum und Islam. Theologische Verwandtschaft und Konkurrenz. Düsseldorf: Patmos 1989, 294 Seiten.

Hans Zirker: Islam. Theologische und gesellschaftliche Herausforderungen. Düsseldorf: Patmos 1993, 367 Seiten.

Hans Zirker: Der Koran. Zugänge und Lesarten. Darmstadt: Primus 1999, 230 Seiten.

Personenregister

Abdullah Yusuf Ali 84, 127
Abu Bakr Abdallah ibn Abi
    Quhafa as-Siddiq 10, 91
Abu-Nagie, Ibrahim 114
Abu Nasr al-Baydâwî 73
Abu Temmâm 78, 81
Ackers, Charles 42
Adelbulner, Ernst 57
Akef, Muhammad Mahdi..............120
Alam, Shahid 148
Albrecht V. (Herzog von Bayern)
   29
al-Amidi, Hamid 127
Ambrosius von Gumppenberg 30
Andrés, Juan 33
Anna von Leonsberg 29
Arak, Hüseyin (Nr. 38) 110
Arnold, Theodor (Nr. 13) 59
Arrivabene, Andrea (Nr. 05) 14,
    35, 37, 43
Asad, Muhammad (Nr. 54) 139
Assensteegh, Dirk van 40
Attar, Fariduddin 143
Aubier, Jean 102
Augusti, Johann Christian
    Wilhelm (Nr. 16) 66

al-Baghdadi, Abd al-Latif 150
al-Baghdadi, Hashim 127
Bar-Hebraeus Abu al-Faraj,
    Gregorius 82
Baschir-ud-Din Mahmud Ahmad,
    Hazrat Mirza (Nr. 33) 100
al-Battânî, Mohammed ibn
    Dschâbir 23

Bauer, Thomas 137
Beck, Carl Heinrich 138, 148
Becker, Luise (Nr. 59) 149
Bernhard (von Clairvaux) 26
Bernhard (von Chartres) 23
Biberstein-Kasimirski,
    Albert de 38
Bibliander, Theodor (Nr. 01) 14,
    22, **25**, 28, 29, 33, 25, 39, 41, 43
Bischoff, Erich (Nr. 26) 88
Blasemacker, Heinrich Johann 54
Bobzin, Hartmut (Nr. 58) ...5, 12, 14,
    15, 80, 81, 106, **147**
Bobzin, Katharina 148
Bolay, Hayri 119
Boysen, Friedrich Eberhard
    (Nr. 15) **64**, 71
Brentano, Clemens von 79
Brylinger, Nikolaus 28
Bubenheim, Abdullâh as-Sâmit
    Frank (Nr. 49) 9, **131**
Buchmann, Hans 25
al-Buhârî, Muhammad ibn Ismaîl
    ibn Ibrahîm ibn al-Mughîra 10
Burckhardt, Johann Ludwig 69

Callenberg, Johann Heinrich 65
Celler, Michael (Nr. 55) 141
Claudius Ptolemaios (d.i. Claudius
    Ptolomaeus) 82
Croce, Ricoldo da Monte di 21, 33

Dadichi, Carolus 41
Denffer, Ahmad von (Nr. 43) **120**,
    140

Descartes, René (d.i. Renatus
    Cartesius) 39
Diederichs, Eugen 123, 149
Dionysius der Kartäuser (d.i. Dio-
    nysius Carthusianus) 21, 24
al-Diyrani, Muhammad Badawi 127

Einstein, Albert 86
Elyas, Nadeem (Nr. 49) 131
Endter, Wolfgang Moritz 45, 57
Erpenius, Thomas 35, 39
Euklid (von Alexandria) 23, 82

al-Fadschr (Nr. 51) 135
Fischer, Wolfdietrich 80, 81
Fleischer, Heinrich Leberecht 71, 90
Flügel, Gustav (Nr. 19) **73**, 79, 84,
    86, 91, 108
Franz I. (König von Frankreich) . 32
Friedrich I. (König von Preußen) 56
Friedrich II. (König von Preußen)
   64
Funcke, Johann Heinrich 76

Garbe, Johann Gottlieb 63
Gebauer, Johannes Jacques 65, 72
Gerhard, Wolfgang 77
al-Ghazali, Abu Hamid Muhammad
    ibn Muhammad 143
Ghulam Ahmad, Mirza 97, 100
Giovio, Paolo 27
Glazemaker, Jan Hendriksz
    (Nr. 06) 37, **39**
Gleim, Johann Wilhelm 64
Goethe, Johann Wolfgang von ...59,
    61, 65, 79, 124
Goldmann, Wilhelm 76, 77, 99

Goldschmidt, Lazarus (d.i. Elieser
    bar Gabriel) (Nr. 28) 91
Goldziher, Ignaz 10
Grieben, Theobald 88
Grigull, Theodor Friedrich
    (Nr. 24) 84
Grimm, Fatima (d.i. Helga Wolff)
    (Nr. 39) 111
Grimme, Hubert (Nr. 29) 93
Gruyter, Walter de 151
Gürsoy, Osman Nuri 119

Hafs ibn Sulayman al-Asadi
    al-Kufi 95
Halbmayer, Simon 45
Hammer-Purgstall, Joseph von
    (Nr. 17) 12, **69**, 74, 79
Happel, Eberhard Werner
    (d.i. Everhardo Guernero
    Happelio) 52, 53, 54, 55
Harder, Ernst (Nr. 27) 90
Hartmann, Martin 90
Hegel, Georg Wilhelm Friedrich
   143
Heidegger, Martin 143
Heine, Heinrich 65, 79
Heinrich II. (König von Italien) ...33
Heinrich Hermann (Reichfreiherr
    von Schutzbar) 44
Hendel, Otto 85
Henning, Max (Nr. 25) 76, 80, 84,
    86, 103, 107, 108, 110, 119, 122,
    149
Herder, Hermann 145, 148
Herder, Johann Gottfried 64, 80
Hermann von Carinthia (d.i.
    Hermann von Kärnten) 23, 49
Herold, Carl 82

Herzog Ernst (Erzbischof von Salzburg) 30
Hinckelmann, Abraham (Nr. 09) **46**, 50, 54, 65, 73
Hippokrates von Kos 82
Hobohm, Muhammad Aman 97
Hofmann, Murad Wilfried (Nr. 44) 87, **122**, 149
Homsi, Muhammad H. 115
Huber, Ali 125
Hübsch, Hadayatullah Paul-Gerhard 101
al-Husaini, Muhammad Ali Chalaf (Nr. 30) 95
Hussain, Taha..........................124

Ibn Abd al-Aziz ibn Saud, Fahd (König von Saudi-Arabien) ..132
Ibn Thabit, Abu Hanifa Nu'man 117
Ibn Thabit, Zaid 95
Ignatius von Loyola 32

Jean de la Fôret 32
Juan Luis Vives (d.i. Ioannes Lodovicus Vives) 27
Jud, Leo 25

Kaddor, Lamya (Nr. 53) 137
Kaiser Johannes VI. (byzantinisch) 26
Kaiser Joseph II. (Heiliges Römisches Reich) 62
Kaiser Karl V. (Heiliges Römisches Reich) 20
Kaiser Ferdinand I. (Heiliges Römisches Reich) 33

Kaiser Leopold I. (Heiliges Römisches Reich) 50, 52
Kaiser Manuel II. (byzantinisch) 116
Kaiser Rudolf II. (Heiliges Römisches Reich) 43
Kaplan, Muhammad Metin 113
Karaman, Hayrettin 119
Karimi, Ahmad Milad (Nr. 56) ...143
Kermani, Navid 106
Keskioglu, Osman 119
Khalfa, Mustafa Ibn Abdallah Hadji 73
Khan, Inamullah 117
Khoury, Theodor Adel (Nr. 41) 106, **116**
Kittl, Julius 92
Klamroth, Martin (Nr. 22) 82
Klasing, August 76
Klopstock, Friedrich Gottlieb 64, 124
Kohlhammer, Wilhelm 106
Kreutner, Rudolf 81
Kuhn, Yusuf 140

Lange, Johan (Nr. 11) 52
Lanckisianis, Sumtibus 50
Lathe Biosas, Jamaluddin (Nr. 57) 146
Leibniz, Gottfried Wilhelm 62
Lessing, Gotthold Ephraim 62
Littmann, Enno 105
Ludendorff, Mathilde 83
Lüdemann, Gerd 123
Ludwig X. (Herzog von Bayern) 29, 30
Lufft, Hans 24

Luther, Martin (Nr. 00) **19**, 26, 27, 49
Luxenberg, Christoph 123

Maher, Elsa 125
Maher, Moustafa (Nr. 45) 124
Mahler, Gustav 80
al-Makin, Girgis 39
al-Mallouki, Habib 140
Mann, [Paul] Thomas 86
Mann, [Luiz] Heinrich 86
Marcus von Toledo 14, 22, 24, 37, 49
Marguerite von Navarra 32
Marracci, Ludovico (Nr. 10) 41, **49**, 57, 66, 73, 79
Maurer, Hans-Jürgen 142
al-Mawlawi, Muhammad Ali 127
Mazrur Ahmad, Mirza 100
Megerlin, David Friedrich (Nr. 14) **61**, 64, 65
Melanchthon, Philipp 26
Mendelssohn, Moses 62, 64
Mercier, Henry (Nr. 34) 102
Meyer Johann Heinrich 60
Michaelis, Christian Benedikt 65
Möller, Johann Adam 75
Mohn, Reinhard 117
Moritz von Hutten (Bischof von Eichstätt) 30
Müller, August 80, 81, 87
Müller, Rabeya (Nr. 53) 137
Müntzer, Thomas 20
al-Muhsin, Abd ar-Radi Muhammad Abd 132
Muslim ibn al-Haggâg an-Naysâbûrî 9, 10

Nagel, Tilman..................151
an-Nawawî, Yahyâ ibn Sharaf 9, 10, 120
Negri, Salomon 41
Nerreter, David (Nr. 12) 56
Neuwirth, Angelika (Nr. 60) 11, 15, 16, 17, 96, 144, **150**
Nikolaus Kopernikus (d.i. Nicolaus Copernicus) 29, 30
Nikolaus von Kues (d.i. Nicolaus Cusanus) 21, 22, 26
Nikolaus von Schönberg (Kardinal und Bischof von Capua) 30
Nöldeke, Theodor 12, 82, 86

Öngüt, Ömer (Nr. 46) 126
Oporinus, Johannes 24, 27, 28, 34
Osman, Hafiz 119
Otto, Johannes 31
Otto von Waldburg (Kardinal und Bischof von Augsburg) ...30

Paganini, Alessandro 24
Paganini, Paganino 24
Papst Alexander VII. (d.i. Fabio Chigi) 52, 57
Papst Benedikt XVI. (d.i. Joseph Ratzinger) 116
Papst Clemens VII. (d.i. Giulio di Medici) 29
Papst Hadrian VI. (d.i. Adriaan Floriszoon Boeyens) 20
Papst Innozenz XI. (d.i. Benedetto Odescalchi)..................49
Papst Nikolaus V. (d.i. Tommaso Parentucelli) 21
Papst Paul III. (d.i. Alessandro Farnese) 29

Papst Paul IV. (d.i. Gian Pietro
   Carafa) 33
Papst Pius II. (d.i. Enea Silvio
   Piccolomini) 27
Paret, Rudi (Nr. 36) 91, 96, **103**,
   105, 106, 134
Platen-Hallermünde, August von
  79
Postel, Guillaume (Nr. 03) 14,
   29, **32**

Quentel, Peter 24

Raimar, Freimund (Pseudonym von
   Friedrich Rückert) 78
Ramdani, Muhammad Ali............114
Rassoul, Muhammad Ahmad
   (Nr. 40) 113
Reckendorf, Hermann 76, 77
Reclam, Philipp 86, 87, 104,
   108, 110
Redslob, Gustav Moritz 74
Reimarus, Hermann Samuel 62
Reineccius, Christian 50, 51
Rieuwertlz, Ian 40
al-Rifa'i, Ibrahim 127
Robert von Chester (d.i. Robertus
   Castrensis) 23
Robert von Ketton (d.i. Robertus
   Ketenensis) 14, 22ff, 25,
   33, 37, 43f
Rudolph, Kurt (Nr. 37) 87, **107**
Rückert, Friedrich (Nr. 21) ...12, 15,
   16, 50, 69, **78**, 82, 87, 106, 147
ar-Rumi, Dschalal ad-Din 143
Ryer, André du (Nr. 05) 37, 39,
   40, 53, 54

Sachau, Eduard 93
Sacy, Silvestre de 71, 73
Sadoleto, Jacopo 27
Sadr-ud-Din, Maulana
   (Nr. 31) **97**, 117
Salahudin, Abu Hamza (d.i. Pierre
   Vogel) 114
Sale, George (Nr. 07) ...**41**, 50, 59, 66
Salim Abdullah, Muhammad (d.i.
   Herbert Krawinkel) (Nr. 41) .116
Sauerländer, Johann David 81
Savary, Claudé-Etienne 38
Savonarola, Girolamo
   (Hieronymus) 26
Schams ad-Din, Muhammad (d.i.
   Hafiz) 69, 79
Schelling, Friedrich Wilhelm
   Joseph 79
Schimmel, Annemarie (Nr. 35) ...87,
   103
Schlegel, August Wilhelm 79
Schlegel, Friedrich 80
Schmiede, Hanspeter Achmed
   (Nr. 42) 87, **119**
Schöningh, Ferdinand 94
Schott, Hans 24
Schulz, Siegfried (d.i. Siegfried
   Yamini) 76
Schulze, Ludwig 65
Schweigger, Salomon (Nr. 08) ...14,
   36, **46**
Servetus, Michael (d.i. Miguel
   Serveto y Reves) 33
Seume, Johann Gottfried 64
Severin, Friedrich 67
Simons, Menno 39, 90
Sommaville, Antoine de 38
Spieß, Bernhard (Nr. 23) 83

Spinoza, Baruch de (d.i. Benedictus de Spinoza) 39
Steiner, Heinrich 24
Stüchs, Johannes 24
Süleyman I. (der Prächtige) 32

al-Tagwid (Nr. 52) 136
Taha, Subhi 127
Taha, Uthman (d.i. Uthman ibn Abduh ibn Husayn ibn Taha, Nr. 47) 127
Tahir Ahmad, Mirza 100
Tantawi, Muhammad Sayyed (Sheikh al-Azhar al-Qâhira) . 124
Tauchnitz, Carolus 74
Thierry von Chartres (d.i. Theodoricus Carnotensis) 23
Tremlett, Lucien 102

Uhde, Bernhard (Nr. 56) 143
Uhle, Wolfgang 124
Ullmann, Lion Baruch (Nr. 20) ..**75**, 99
Uthman ibn Affan 10, 12, 75, 95, 127

Velhagen, August 76
Venerabilis, Petrus (d.i. Pierre Le Vénérable von Cluny) 23, 26
Vollrath, Carl Wilhelm 77

Voß, Johann Heinrich 64
al-Wahhab, Muhammad ibn Abd 114
Wahl, Samuel Friedrich Günther (Nr. 18) 64, **71**
Weidner, Stefan 16
Weiss, Hans 24
Weiss, Leopold..............................139
Werner, Ernst 108
Wezzani, Si Abdelkrim 102
Widmanstetter, Johann Albrecht von (Nr. 02) **29**, 33, 43
Wiering, Thomas von 54, 55
Wilcox, John 42
Wild, Stefan 106
Willmer, Peter 98
Winckler, Johann 46
Winter, Leo W. (Nr. 32) 75, 76, **99**
Wollschläger, Hans 81

Yaldiz, Ahmet 126
al-Ya'qûbî, Ahmad 82
Zaidan, Amir Muhammad Adib (Nr. 48) 129
Zakzouk, Mahmoud Hamdi 125
Zirker, Hans (Nr. 50) 95, **133**
al-Zoghbi, Muhammad 114
Zwingli, Ulrich (d.i. Huldreich Zwingli) 25

Muriel Mirak-Weißbach
Jenseits der Feuerwand
Armenien - Irak - Palästina: Vom Zorn zur Versöhnung
Aus dem Englischen von Ortrun Cramer
ISBN 978-3-89930-368-1 / Broschur / 264 Seiten / 26,00 €

»Die Fähigkeit der Autorin, persönliche Erzählung mit politischer Analyse zu kombinieren, bisher unbeachtete historische Tatsachen anzubringen und den Weg in eine bessere Zukunft aufzuzeigen, machen es zu einem heraus ragenden Buch.« *Jordan Times*
»Eine engagierte Forscherin und Menschenrechtlerin.« *Walid Khalidi*

Boulos Harb
Vom Zedernland zum Eichenwald
Erinnerungen eines rebellischen orientalischen Christen
ISBN 978-3-89930-366-7 / Broschur / 300 Seiten / 29,90 €

Boulus Harb, Jahrgang 1933, geboren und aufgewachsen im Libanon, wo er Philosophie und Theologie studierte, spezialisierte sich in Louvain, Belgien, auf Philologie und Geschichte des christlichen Orients. Nach Aufgabe seiner Professur im Libanon zog er in den sechziger Jahren nach Deutschland und forschte zunächst an der Ruhr-Universität Bochum bevor er sich als Dokumentarfilmer für das Deutsche Fernsehen einen Namen machte.

Sabine Böhme
Männer jagen, Frauen sammeln?
Der Weg einer Archäologin in den Orient
Mit Interviewbeiträgen von Eva Strommenger
ISBN 978-3-89930-364-3 / Broschur / 256 Seiten / 26,00 €

Für Eva Strommenger wurde die Archäologie zur echten Lebensaufgabe. Forschung und Museumsarbeit, deren Höhepunkte zahlreiche ungewöhnliche Ausstellungen markierten, bestimmten ihr berufliches Leben. Sabine Böhme verfolgt die Karriere der ersten Frau in dieser Männer-Domäne auf anschauliche und persönliche Weise.

Ralph Ghadban
Islam und Islamkritik
Vorträge zur Integrationsfrage
ISBN 978-3-89930-360-5 / Broschur / 300 Seiten / 28,00 €

»Das Buch bietet eine vorzügliche Kenntnis sowohl der historischen als auch der modernen und zeitgenössischen Quellen, eine nüchterne, ideologisch unbelastete Identifizierung und Formulierung der Fragen, sowie eine Darstellung der Probleme auch aus der Sicht der islamischen Denker und Gläubigen. Es ist eine ganz spannende, informative und anregende Lektüre.« *CLAM, amazon.de*

Barbara Köster
Der missverstandene Koran
Warum der Islam neu begründet werden muss
ISBN 978-3-89930-312-4 / Broschur / 270 Seiten / 34,00 €

Wer dieses Buch lesen will, muss nicht Islamwissenschaften studiert haben. Es ist es keine wissenschaftliche Arbeit, sondern ein Bericht über Wissenschaft. Neue Theorien zur Frühzeit des Islams gewinnen an Einfluss.
»Barbara Köster hat in ihrem außerordentlich gut recherchierten und gut lesbaren Sachbuch die vorläufigen Ergebnisse dieser Forschungen zusammengefasst und kommt zu der Schlussfolgerung, dass sich die Person des Propheten historisch nicht nachweisen lässt...«
Michael Ley, Die Presse
»...es geht um Theorien über den frühen Islam ..., welche bisher als Außenseitermeinung abqualifiziert wurden, obwohl sie bei nüchterner Betrachtung viel plausibler daherkommen, als die ›Erkenntnisse‹ der islamwissenschaftlichen Mainstream-Forschung...«
Wolfgang Kaufmann, HPB

www.schiler.de